저항하라! 마리 뒤랑의 노래

저항하라! 마리 뒤랑의 노래

초판 1쇄   2025년 6월 16일

지 은 이 _ 성원용
펴 낸 이 _ 이태형
펴 낸 곳 _ 국민북스
디 자 인 _ 서재형

등록번호 _ 제406~2015~000064호
등록일자 _ 2015년 4월 30일

주   소 _ 경기도 파주시 와석순환로 307, 1106~601 우편번호 10892
전   화 _ 031~943~0701
팩   스 _ 031~942~0701
이 메 일 _ kirok21@naver.com
ISBN 979-11-88125-57-9 03230

저항하라! 마리 뒤랑의 노래

성원용 지음

국민북스

목차

6 • 프롤로그

1장. 위그노, 그들은 누구인가?
17 • 앙리 4세의 죽음과 개신교회의 쇠퇴
22 • 프랑스 개혁교회의 성숙
26 • 광야 시대

2장. 마리 뒤랑과 가족들
34 • 뒤랑 가족
38 • 삐에르 뒤랑
41 • 예언 운동의 영향
45 • 도망중인 삐에르, 체포된 아버지

3장. 콩스탕스 탑에서의 생활

52 • 콩스탕스 탑

56 • 다른 수감자들

59 • 수감자들의 일상

63 • 여성들의 생활

66 • 두 개의 공동체

68 • 기부자들

70 • 오빠의 장모와 수감생활을 하다

73 • 지도자 마리 뒤랑

76 • 레지스떼

81 • 육체적 약함에 직면하다

84 • 석방을 위한 편지

87 • 자유의 빛

89 • 마침내 얻은 자유

94 • 집으로 돌아가다

98 • **에필로그**

102 • **부록**

프롤로그

돌 속에 새겨진 노래, 저항하라!

햇살이 핑크 빛 소금 언덕을 스치고 지나가는 늦여름 오후, 바다와 염전 사이에서 중세의 성곽이 조용히 시간을 굽어보고 있었다. 에그모르트. 한때 십자군들이 배를 타고 전쟁터로 떠났던 도시로 성 루이 왕의 흔적이 있는 성채(城砦·citadel)다. 지금은 관광객의 웃음꽃이 가득한 평화로운 마을이지만 그 깊은 땅속엔 눈물과 찬송으로 물든 위그노들의 이야기가 흐르고 있다.

바닷바람을 타고 돌 벽을 감도는 그 침묵의 탑. 높이 40m,

지름 22m의 바다를 등진 그 탑은 지금도 마리 뒤랑의 숨결을 간직한 채 무거운 침묵으로 서 있다. 그 탑 안에서 38년의 세월이 흘렀다. 그 탑은 감옥이 되어 그녀의 인생을 송두리째 가두었으나 그녀의 양심은 가둘 수 없었다. 가련한 여인의 삶은 돌 사이를 뚫은 강력한 생명력으로 피어났고 지금도 그 꽃을 추억하는 이들의 발걸음이 끊이지 않는다.

1730년, 포승줄에 묶인 19세의 젊은 여인 마리 뒤랑은 차갑고 음습한 콩스탕스 탑으로 들어섰다. 그녀는 신혼의 단꿈에서 깨어나지도 못한 채, 혼인 3개월 만에 남편과 생이별했다. 남편과 함께 잠들던 그 집의 벽돌 냄새, 아버지 어머니와 나누던 대화, 그리고 한 번쯤 품었던 평범한 삶의 꿈들은 그날 탑문이 닫히는 소리와 함께 묻혔다.

광야교회 목사인 그녀의 오라비 삐에르 뒤랑이 자신의 집에서 진행하는 개신교 예배에 참석했고 가톨릭으로 개종하라는 왕의 명령에 "Non"(아니요)라고 한 그 한마디가 그녀의 자유를 앗아갔다. 하지만 그녀의 '아니요'는 곧 자신이 믿는 하나님께 대한 '예'가 되었다.

탑의 내부는 침묵으로 가득했다. 고통과 절망을 이기지 못한 여인들의 입에서 나오는 신음은 돌 벽을 한바퀴 돌아 다시 그들의 귓전에 작은 메아리로 찾아왔다. 밤이면 쥐들이 돌 틈을 오갔고 비가 오고 바람이 부는 날이면 천장의 구멍과 뚫린 벽 틈으로 냉기가 들어왔다. 그곳은 감옥이라기보다는 죄수들의 무덤이었다. 하지만 어느 순간부터 그 두터운 돌 벽사이로 찬송이 흘러나왔다. 밤마다 마리는 시편 68편을 읊조리며 하늘을 향해 노래했다.

"하나님이 일어나시니, 원수들은 흩어지며… 하나님께 노래하며 그의 이름을 찬양하라…"

그녀의 목소리는 곧 동료들의 위로였고 지도력이었다. 병든 여인의 손을 잡고 자수를 놓으며 그녀는 말했다. "이 탑은 지옥이 아니에요. 우리는 여전히 하나님의 백성이에요. 여긴, 우리가 하나님을 예배하는 성전이에요." 이 말을 듣던 한 노파는 미소를 지으며 조용히 숨을 거뒀다. 그녀의 마지막 들숨은 "할렐루야"였다.

마리는 글을 썼고 위로했고 사랑했고 저항했다. 바닥엔 그녀가 손으로 새겼다고 전해지는 글씨 하나가 남아 있다. "레지스떼"(Resister·저항하라) 그녀는 침묵하지 않았다. 무기력해

하지 않았다. 몸은 옥중에 있으나 양심과 자유는 가둘 수 없다는 것을 그 레지스떼라는 단어 하나로 세상에 보여 주었다.

그녀가 수감된 동안 수많은 위그노들이 사라졌다. 그녀는 눈물로 그들을 기억했다. 그리고 시편으로 그들을 위로하며 간구했다.

"고독한 자를 가족과 함께 살게 하시는 하나님, 갇힌 자를 형통하게 하시는 하나님, 당신을 찬양합니다. 이 감옥이 당신의 영광을 높이는 성전이 되게 하소서. 수많은 당신의 백성을 위해 중보하는 기도의 전이 되게 하소서."

그녀는 신앙의 광야를 걷는 이들에게 감옥 안에서 약속의 땅을 바라보는 법을 가르쳤다. 오늘날, 그녀가 살던 작은 돌집에 들어서면, 벽난로 위에 적힌 한 문장이 우리를 맞이한다. "Loué soyt Dieu"(하나님을 찬양합니다) 그 문장은 오래 전, 그녀의 아버지가 새긴 시편 구절이다. 하늘을 향해 찬양하는 자의 고백은 전쟁도, 칙령도, 죽음의 고통도 지울 수 없었다. 그리고 그 고백은 오늘 우리에게 되묻는다.

"너는 불의와 불신앙에 저항하고 있느냐?"
"너는 모든 상황에서 주님을 찬양하고 있느냐?"

제1장

위그노, 그들은 누구인가?

위그노, 그들은 누구인가?

 마리 뒤랑의 이름을 거론하기 전에 우리는 먼저 그녀가 속한 이름 없는 백성들인 '위그노'(Huguenot)를 마주해야 한다. 그녀의 침묵이 왜 그렇게 단호했는지, 그녀의 눈물이 왜 그토록 무거웠는지를 이해하려면 말이다.

 위그노라는 단어는 단순한 종교적 호칭이 아니다. 그것은 고난의 이름이자 신앙의 깃발이며 역사의 깊은 상처다. 16세기에서 18세기 사이 프랑스 땅에서 개신교 신앙을 따른다는 이유만으로 모든 것을 잃어야 했던 이들이 바로 위그노였다.

그 이름은 독일어 '아이트게노센'(Eidgenossen)에서 비롯되었다. 하나의 신념으로 묶인 동지들, 같은 맹세 안에 선 자들이란 뜻이다. 제네바의 칼뱅이 일으킨 종교개혁의 바람은 알프스 산맥을 넘어 프랑스에 닿았고 그 바람은 곧 저항의 노래가 되었다.

그들이 처음부터 위그노라 불렸던 것은 아니다. 1560년 무렵, 비로소 그 이름은 핏빛 연기로 떠올랐다. 하지만 그보다 이른 1558년, 부르봉 가문의 앙투안 공작과 5천여 명의 신자들이 프레 오크렉에 모여 시편을 부르던 그날, 역사는 이미 시작되었다. 시편 68편의 선율이 들판을 가로질러 퍼질 때 그들의 존재는 세상에 선포되었다.

"하나님이 일어나시니 원수들은 흩어지며 주를 미워하는 자들은 주 앞에서 도망하리이다. 연기가 불려 가듯이 그들을 몰아내소서. 불 앞에서 밀이 녹음 같이 악인이 하나님 앞에서 망하게 하소서. 의인은 기뻐하여 하나님 앞에서 뛰놀며 기뻐하고 즐거워할지어다. 하나님께 노래하며 그의 이름을 찬양하라. 하늘을 타고 광야에 행하시던 이를 위하여 대로를 수축하라. 그의 이름은 여호와이시니 그의 앞에

서 뛰놀지어다."(1~4절)

    불안한 정치의 소용돌이 속에서도 개신교회는 조용히, 그러나 꾸준히 뿌리를 내렸다. 1562년이 끝나갈 무렵, 프랑스 전역에 2천 개가 넘는 교회가 세워졌고 약 200만 명의 신자들이 하나님의 말씀을 갈망했다. 전체 인구의 11%에 달하는 이들의 존재는 프랑스 왕국에겐 경고였고 가톨릭 교권에겐 크나 큰 도전이었다.
    그 도전에 가장 민감하게 반응한 이들은 기즈 가문이었다. 가톨릭의 철권을 쥔 그들은 결국 칼을 뽑아 들었다. 1560년, 앙브와즈 성에서 왕을 납치하고 기즈 형제를 체포하려던 위그노의 계획은 내부 고발로 무너졌고 그 대가는 참혹했다. 무려 1,200명의 위그노들이 성벽 아래서 학살당했다. 그들의 시신은 쇠갈고리에 매달려 성의 정면을 장식했고 공포는 도시를 감쌌다. 그것은 단순한 처형이 아니라 모욕이었고 경고였다.
    박해는 끝날 기미가 없었다. 1562년 3월의 바시 학살, 그리고 1572년 8월 24일의 성 바돌로매 축일의 밤 학살이 자행됐다. 그 학살의 밤, 피는 강처럼 흘렀고 위그노의 찬송은 절규로 바뀌었다. 그리고 마침내 신앙은 전쟁이 되었다. 1563년부

앙부아즈 성의 학살(1560년)

터 1598년까지 36년간 이어진 이 전쟁은 역사가 아닌 생존의 기록이었다.

그 시절 위그노란 이름은 단순한 종교인이 아니라 왕국에 저항하는 '정치 세력'이라는 의미까지 덧씌워졌다. 신앙은 죄가 되었고 기도는 반역이 되었다. 전쟁은 수많은 생명을 삼켰고 개신교인의 수는 절반 이하로 줄었다. 일부는 칼날 앞에 쓰러졌고 일부는 개종을 강요당했으며 많은 이들이 국경을 넘어 스위스, 독일, 네덜란드와 영국으로 도망쳤다. 그러나 가장 많은 이들은 자신의 조국을 떠나지도 항복하지도 않았다. 그들은 남아서 무릎 꿇지 않은 채 견뎠다.

1598년, 한 남자가 역사의 흐름을 바꾸었다. 앙리 4세. 개신교도였던 그는 발로와 왕가의 마지막 왕인 앙리 3세가 암살된 후에 프랑스의 왕좌에 오른다. 그렇게 부르봉 왕가의 시대가 열렸다. 하지만 그의 등장은 가톨릭 세계에겐 받아들이기 힘든 현실이었다. 파리와 여러 도시는 그를 왕으로 인정하지 않았고 로마 가톨릭 교회 연맹은 스페인의 힘을 빌어 끝까지 저항했다. 그 마지막 전선이 낭트였다. 1598년 4월 13일, 낭트를 점령한 앙리 4세는 마침내 '신앙의 자유'를 선언한 낭트칙령을 선포했다. 그것은 전쟁의 종식이자 위그노에게 내려진 첫 번째 평화였다. 그렇게 관용(톨레랑스)이라는 가치가 최초로 규범이 되었다. 피로 적신 37년의 시간 끝에서, 위그노는 마침내 예배당의 문을 열 수 있었다. 그리고 그들은 더욱 굳세게 찬송을 불렀다.

앙리 4세의 죽음과 개신교회의 쇠퇴

1598년 봄, 위그노의 땅에 처음으로 평화가 피어났다. 낭트칙령. 비록 제한적이었지만 그것은 차별을 넘어선 최초의 관용의 규범이었다. 낭트칙령 선포의 시간은 프랑스라는 가톨릭 왕국이 종교적 공존을 처음으로 선언한 역사적인 순간이었다. 표면적이나마 자유와 화해의 시대가 열렸고 위그노들은 오랜 박해의 그림자 너머에서 조심스럽게 숨을 돌렸다. 희망으로 가득한 17세기의 문턱, 그들의 찬송은 다시 교회 안에서 울리기 시작했다.

하지만 역사는 단 한 사람의 죽음으로도 바뀌게 마련이다. 그 사람은 바로 앙리 4세였다. 그는 내전으로 피폐해진 국토와 갈라진 민심을 수습한 평화의 왕이었다. 그의 곁에는 충직한

앙리 4세

루이 14세

재상 쉴리 공작이 있었고 둘은 폐허 위에 새로운 나라를 세우기 위해 손을 맞잡았다. 그들이 일군 부흥은 국가의 재정을 되살리고 농업과 상공업에 숨을 불어넣었다. 이들은 파리 세느 강 위에 지금도 남아 있는 퐁네프 다리를 놓았다. 위그노의 손으로 지어진 그 다리 위에는, 지금도 앙리 4세의 기마상이 햇살을 받고 서 있다.

앙리 4세는 즉위 직후, "하나님께서 허락하신다면, 모든 프랑스인들이 주일 아침마다 닭고기를 먹을 수 있게 하겠다"라고 말했다. 그 소박한 꿈이 민심을 사로잡았다. 백성들은 그를 '앙리 대왕'이라 부르며 추앙했다. 프랑스는 그의 통치 하에 안정을 얻었다. 그러나 모든 이가 그를 축복한 것은 아니었다. 로마 가톨릭 교회와 거기에 충성하는 세력들은 앙리 4세를 위험한 존재로 여겼다. 개신교도였던 과거, 개신교에 자유를 허락한 낭트칙령 선포 등이 앙리 4세에게 칼날을 겨누게 하는 이유가 되었다.

앙리 4세는 살아 있는 동안 17번의 암살 위협을 받았다. 그리고 1610년 5월 14일, 파리 시내에서 그 모든 위협은 현실이 되었다. 충신 쉴리 공작의 병문안을 위해서 궁전을 떠나 파리의 거리를 지날 때, 한 가톨릭 광신자의 칼날이 그의 심장을 찔

렀다. 그의 쓰러짐과 동시에 위그노의 평화와 희망도 쓰러졌다. 그의 죽음 이후, 개신교회는 점차 힘을 잃어갔다.

새로운 시대의 문은 무거웠고 그 문을 연 이는 앙리의 아들, 루이 13세였다. 그에게는 쉴리 대신 리슐리외가 있었다. 왕의 모후인 마리 드 메디치가 추천한 이 가톨릭 추기경은 루이 13세의 충직한 조언자로서, 프랑스를 강력한 절대왕정 국가로 만들 준비를 하고 있었다. 1629년 6월 28일, 리슐리외는 '알레스칙령'을 발표했다. 사람들은 이를 '알레스의 평화', 혹은 '은혜의 칙령'이라 불렀지만 위그노에게 그것은 또 하나의 상실이었다. 알레스 저항군 2,300명이 항복했을 때, 왕은 그들을 죽이지 않았다. 그는 그들에게 무기를 내려놓게 했고 남부 앙뒤즈로 이주하라고 명령했다. 겉으로는 관용처럼 보였다. 리슐리외는 그것을 '온건한 정치'라 자부했다. 하지만 실상은 달랐다.

알레스 칙령은 위그노에게 예배의 자유만 남기고 그 밖의 모든 것을 거둬갔다. 정치 집회의 권리는 사라졌고 개신교 지역에 가톨릭 미사가 허용됐다. 위그노의 도시들은 방어력을 잃은 채 가톨릭 세력에 문을 열어주었다. 이 칙령을 통해 평화가 아니라 침묵의 시대가 시작되었다. 그것은 은혜가 아니라

알레스의 평화(1629년)

굴복의 이름이었다. 그리고 위그노는 다시 한 번 조용히 찬송을 되뇌기 시작했다. 이번에는 더 깊은 동굴에서 더 낮은 속삭임으로….

프랑스 개혁교회의 성숙

폭풍이 잦아든 어느 봄날처럼 낭트칙령 이후 프랑스 개신교회에는 비교적 평화로운 시간이 찾아왔다. 위그노들은 다시 예배당의 문을 열었고 말씀은 거리에서 성소로 돌아왔다. 하지만 그들의 평화는 안주가 아닌 성장의 시간이었고 침묵이 아닌 성숙의 시간이었다.

그 시기, 교회는 스스로를 다시 세우기 시작했다. 공동체는 영적 기둥을 세웠다. 그 중심에는 12명의 장로로 구성된 장로회(consistoire)가 있었다. 그들은 단순한 행정 조직의 책임자들이 아니라 믿음의 가정을 지키는 영적 가장들이었다. 교회의 재정 문제를 돌보고 매년 네 차례 시행되는 성만찬을 준비하고 인도했다. 그 성만찬은 단지 예식이 아니었다. 그것은 회개의 자리였고 회심의 고백이었다. 성도들은 떡을 떼기 전에

낭트칙령 서명 모습

자신의 죄를 고백했고 그리스도 앞에서 다시 삶을 고쳐먹었다. 장로회는 그 과정을 지켜보며 때로는 엄숙한 눈빛으로, 때로는 따뜻한 위로로 그들을 이끌었다. 그것은 영혼의 재판소이자, 은혜의 성소였다. 예배당 안에선 프랑스어로 된 설교가 울려 퍼졌다. 시편이 낭송되었고 말씀이 선포되었다. 그 말씀은 단지 위로가 아닌 계몽이었다. 글을 모르는 사람들은 예배를 통해 문해력을 얻었고 말씀의 확신 속에서 자신감을 되찾았다. 남 프랑스의 마을마다 하나님의 말씀이 곧 글을 가르치는 교사가 되었다.

그 시절, 목회자들은 성경만 강단에 올린 것이 아니었다. 그들은 하늘의 별과 땅의 일에 대해서 설교했고 천문학과 의술, 역사와 철학을 성경의 빛 아래서 풀어냈다. 유럽을 뒤덮던 미신과 공포가 위그노의 교회 안에서는 더 이상 자리를 잡지 못했다. 개기일식도, 유령 이야기도 그들에겐 믿음 없는 세상의 그림자일 뿐이었다. 그들은 오직 하나님만을 두려워했다. 그러한 태도는 곧 프랑스 사회에서 위그노들이 이성적이고 지성적인 공동체로 우뚝 서는 밑거름이 되었다. 그들의 교회는 외부의 도움 없이 스스로를 지탱했다. 그들은 목회자의 생활비를 스스로 마련하고 예배당을 세우며 공동체를 지켰다. 그것

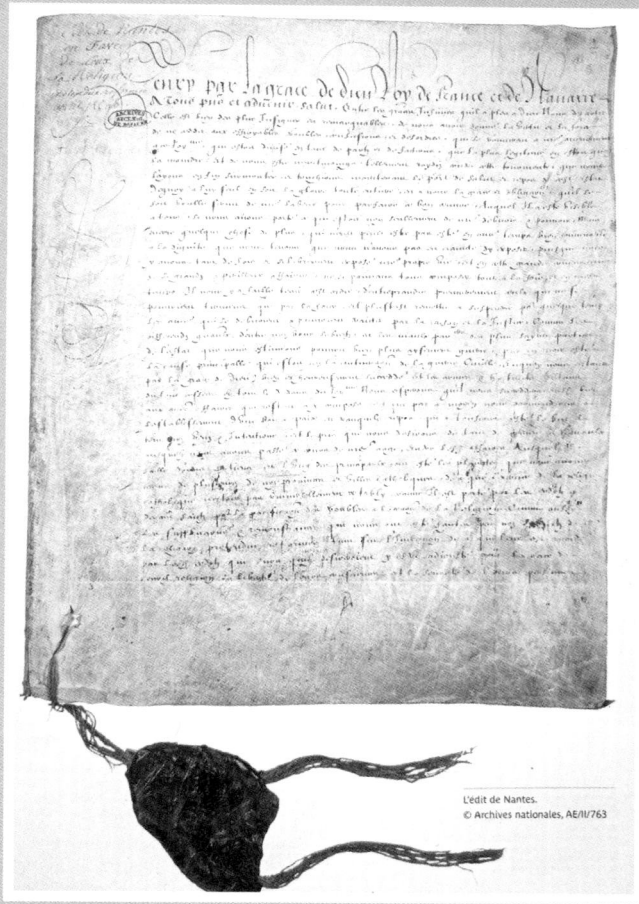

L'édit de Nantes.
© Archives nationales, AE/II/763

낭트칙령

은 자립의 열매이자 믿음의 자취였다.

놀랍게도, 그 시기엔 가톨릭과 개신교가 비교적 평화롭게 공존했다. 서로를 정죄하지 않았고 신앙의 다름을 인정했다. 위그노와 가톨릭 신자 사이에 결혼도 있었고 그 부부들은 서로의 신앙을 존중하며 가정을 일구어 나갔다. 특히 위그노가 많이 살던 남부 프랑스에는 가톨릭과 개혁교회 관리들이 함께 협업하기도 했다. 짧은 시간이었지만 행정과 예배, 생활과 믿음이 조화를 이뤘다. 그것은 낭트칙령이 가져온 가장 아름다운 열매였다. 박해의 바람이 잠시 멈춘 계절, 위그노는 성숙을 노래했다.

광야 시대

평화의 옷을 입은 듯 보였던 낭트칙령의 시대는, 루이 13세와 리슐리외 추기경에 의해 조금씩, 그러나 확실히 벗겨지고 있었다. 절대왕정을 꿈꾸던 그들의 눈에 개신교는 늘 불편한 존재였다. 위그노는 프랑스의 질서를 어지럽히는 이단, 왕의 권위를 위협하는 그림자였다.

그들은 위그노들에게 예배의 자유만을 남겨놓은 채, 삶의 다른 모든 부분에 족쇄를 채우기 시작했다. 직업은 제한되었고 학교는 문을 닫았다. 위그노 아이들은 더 이상 배움의 길로 갈 수 없었고 장례는 새벽이나 밤에만 허용되었다. 죽음의 순간마저도 숨죽여야 했다. 임종의 순간 가톨릭 신부가 들이닥쳐 마지막 개종을 강요하던 그 풍경은 신앙조차 사치로 여겨지던 시대의 그림자가 되었다.

1643년, 다섯 살의 소년이 왕이 되었다. 그의 이름은 루이 14세. 뒤에서 그를 움직인 이는 마자랭 추기경이었다. 리슐리외의 뒤를 이은 그는 왕권을 강화하며 개신교를 더욱 철저히 억눌렀다. 세월이 흘러 '태양왕'으로 불리게 된 루이 14세는 할아버지 앙리 4세가 남긴 신앙의 자유를 부정했다. 그의 철학은 분명했다. '하나의 왕, 하나의 신앙, 하나의 법'. 그리고 그 법은 가톨릭이었다.

1661년부터 1685년까지 그는 수백 개의 칙령을 쏟아냈고 그 결과 전국 587개의 개신교회가 문을 닫았다. 용기병들은 위그노의 집을 습격했고 재산은 약탈당했으며 찬송은 침묵으로 바뀌었다. 강요에 못 이겨 개종한 이들은 1만 명이 넘었다. 마침내 1685년, 퐁텐블로의 궁에서 왕은 펜을 들었고 낭트칙령은 역사 속으로 사라지며 아련한 추억이 되었다. 이로써 87년간의 제한적 자유는 한순간에 무너졌다. 프랑스 땅에서 개신교로 사는 것은 다시 불법이 되었다.

새로운 칙령에 따르면 목회자들은 아내와 9살 이하의 자녀만 데리고 15일 안에 프랑스를 떠나야 했다. 그 이상의 자녀는 프랑스에 남겨야 했고 그 아이들은 가톨릭 가정에 맡겨졌다. 숙박비와 식사비는 부모의 몫이었다. 대부분의 목회자는 스위스와 독일, 네덜란드, 영국으로 떠났고 일부는 북미로 향했다. 남아 있는 이들은 은밀하게 지하 예배를 이어갔다.

하지만 일반 신자들에게 탈출은 허락되지 않았다. 국경은 굳게 닫혔고 위그노는 갇힌 채로 고난을 견뎌야 했다. 개종하지 않은 자는 죽거나 감옥에 갇혔고 어떤 이는 노예선에 끌려가서 평생 노역을 해야 했다. 드래곤이라 불리는 군인들이 집집마다 배치되어 개종을 강요했다. 아이들의 두려움 위에 복종이 깃들었고 신앙은 침묵 속에 숨어야 했다. 예배는 더 이상 공개적으로 드릴 수 없었다. 발각되면 남자들은 갤리선에, 여자들은 감옥에 끌려갔다. 국경 근처에 살거나 돈이 있는 자들만이 간신히 탈출할 수 있었다. 하지만 그들의 숫자는 적었다.

1680년부터 1700년까지 약 125만 명의 위그노 가운데 20만 명이 프랑스를 떠났다. 대다수가 젊은 엔지니어와 지식인이었고 그들의 부재는 프랑스의 미래에 깊은 상처를 남겼다. 떠나지 못한 자들은 남아서 믿음을 지키기 위해 싸워야 했다.

위그노 교회사에서는 루이 14세가 퐁텐블로 칙령으로 낭트 칙령을 폐지한 해부터 루이 16세가 관용을 회복한 1787년까지의 102년을 '광야 시대'라고 한다. 이스라엘 백성이 모세와 함께 떠돌던 40년 광야의 삶처럼 위그노 역시 집을 잃고 성소를 잃고 이름을 잃은 채 방랑자로 살아야 했다. 그러나 그들은 칠흑 같은 어둠 속에서도 빛을 보았고 그들의 입에서는 찬송이 멈추지 않았다. 언젠가 다시 올 자유의 날을 기다리며 그들은 그 협착하고 거친 길을 걸었다.

1702년, 침묵은 깨어졌다. 일부 위그노들이 무장해 반기를 든 것이다. 이들은 밤이면 서로를 알아보기 위해 흰 셔츠를 입었고 사람들은 그들을 '카미자르'라 불렀다. '카미스'는 프랑스 남부 지방어로 셔츠를 뜻하는 단어였다. 그들은 숫자로는 적었지만 산과 계곡, 땅의 결을 아는 자들이었다. 믿음 하나로 무장한 그들의 눈빛은 군대보다 날카로웠고 죽음을 두려워하지 않았다. 로마 가톨릭 당국도 그들만의 군대를 조직해 맞섰

광야교회

고 마침내 카미자르 전쟁이 시작되었다. 1704년, 그들의 전쟁은 공식적으로 막을 내렸지만 그들의 저항은 1710년까지 이어졌다. 지도자들은 쓰러졌으나 그들의 믿음은 쓰러지지 않았다. 광야는 그들을 삼키지 못했고 그들은 여전히 살아 있었다.

제2장

마리 뒤랑과 가족들

마리 뒤랑과 가족들

뒤랑 가족

프랑스의 작은 마을 비바레(오늘날의 부셰 드 프랑레)에 아담한 석조 집이 하나 있었다. 1711년 7월 15일, 그 집 안에서 마리 뒤랑이 첫 울음을 터뜨렸다. 바깥세상은 고요했지만 몇 해 전만 해도 피와 불꽃이 휘몰아치던 전쟁의 흔적이 아직 남아 있었다. 카미자르 전쟁은 막을 내렸고 이 땅엔 잠시 숨 고르듯 평온한 시간이 흐르고 있었다.

비바레에는 두 차례의 반란이 있었다. 1704년, 카미자르가 인근 베르누 지역에서 봉기했지만 교회는 불타고 목사들은 살해당했다. 프랑차시스에 정착한 반란군은 왕의 군대에 포위당했고 피의 비극으로 끝났다. 그 무렵 체포된 이들 중에는 마리의 오빠 삐에르와 아버지 에티엔 뒤랑도 있었다. 이교도들을 숨겨주었다는 이유로 에티엔은 잠시 수감되었다.

1709년 여름, 아브라함 마젤이 이끈 또 다른 반란이 있었으나 실패로 끝났다. 그러나 이때 뒤랑 가문은 참여하지 않았다. 그들은 이제 검 대신 믿음의 인내를 선택했다. 1715년 이후, 앙투안 쿠르 목사의 영향 아래에서 그들은 평화적 저항과 개신교 재건에 뜻을 두었다.

전쟁이 가라앉자, 에티엔과 클로딘은 숨을 돌렸다. 평화를 원했던 부부는 세상의 법에 일시적으로 순응했다. 아이들이 가톨릭 세례를 받고 학교에서 가톨릭 교육을 받는 것도 허락했다. 그러나 그들의 신앙은 집 안에서 살아 있었다. 오빠 삐에르가 가톨릭 학교에서 돌아오면, 아버지 에티엔과 어머니 클로딘은 그에게 성경 말씀과 조상들의 신앙을 되새기게 했다.

당시는 루이 14세의 퐁텐블로 칙령이 여전히 유효하던 시대였다. 개신교회는 문을 닫았고 목사들은 추방당했다. 신앙 교육조차 불법이었지만 뒤랑 가족은 포기하지 않았다. 그들의 집은 곧 예배당이 되었다. 성경은 벽 속에 감추어졌고 시편과 교리문답 책자들도 함께 숨겨졌다. 헛간 근처에는 위험에 대비한 비밀 탈출로가 있었다. 설교자가 오면 그들은 따뜻한 식사와 안식을 제공했다.

하루의 끝, 밤이 되면 위그노의 예배가 조용히 시작되었다. 아이들과 하인들이 부모 주위에 모였고 한 두 개의 기도문이 낭독되었다. 낮엔 가톨릭 신자인 척했지만 밤엔 다시 하나님의 백성으로 돌아오는 삶이었다. 어떤 이는 아예 미사에 나타나지 않고 몸을 숨겼다.

많은 이들이 '신 개종자'로 불렸다. 용병들이 집에 난입하고 가족들을 위협하던 그 공포의 밤들 속에서 누군가는 살아남기 위해 신앙을 굽혔다. 주민 명단을 들고 온 사제 앞에서 '이단을 버린다'는 선언을 해야만 했다. 그러나 많은 어머니들은 포기하지 않았다. 자녀들이 집에 돌아오면 학교에서 배운 내용을 지우고 다시 가르쳤다. 카미자르 전쟁의 지도자 중 하나인 장 카발리에는 훗날 자신의 어머니가 미사에 대한 혐오를 가르쳐 주었다고 고백했다. 그의 철저한 신앙과 반 교황주의는 어머니의 영향에서 비롯된 것이었다.

마리 뒤랑의 가족도 그러했다. 그들은 하나님의 사랑을 매일 되새기며 살았다. 집에는 두 개의 비문이 있었다. 첫 번째는 라틴어로 에티엔이 낭트칙령 폐지 10년 후인 1694년 5월 26일, 현관에 새긴 말이었다. "Miserere mei, Domine Deus"(주 하나님, 저에게 자비를 베푸소서) 두 번째는 1696년에 프랑스어로 벽난로 위에 새긴 것이었다. "Loué soyt Dieu"(하나님을 찬양합니다) 그 글귀는 마리의 삶을 이끄는 문장이 되었다.

아버지 에티엔은 마을의 재판소 서기로 일했다. 그는 글을 아는 몇 안 되는 사람이었다. 세례와 결혼과 사망과 관련된 서류는 가톨릭 사제가 맡았고 그 외의 것은 그가 기록하고 관리했다. 그 일을 통해서 위그노의 처참한 현실을 접했고 그들에 대한 긍휼의 마음을 품었다. 그의 가족은 자급자족할 수 있는 작은 농장을 갖고 있었다. 어머니 클로딘은 정원과 동물, 작물, 그리고 자녀들의 영혼까지 정성껏 돌보았다.

삐에르 뒤랑

에티엔 뒤랑과 클로딘 사이에 한 명의 아들과 두 명의 딸이 태어났다. 삐에르, 마리, 마들렌느. 마리의 오빠 삐에르 뒤랑은 어릴 적부터 총명했다. 기초 학업을 마친 후, 그는 인근 프리바스 마을에서 공증인으로 일하며 아버지처럼 문서를 발급하는 일을 했다. 아마 마리 역시 학교에 다녔을 것이다. 훗날 그녀가 쓴 편지들을 보면, 그녀의 문장력은 심지어 아버지보다도 세련되고 정확했다.

1715년, 마리가 네 살이 되던 해, 절대권력을 쥐고 있던 태양왕 루이 14세가 세상을 떠났다. 혼란의 틈 속에서 프랑스는 새로운 통치 체제를 준비했고 일부 위그노 목사들은 이 변화를 기회로 삼아 은밀한 회합을 하기 시작했다. 그들은 박해 속에서도 프랑스 개신교회의 연합과 미래를 모색했고 삐에르 역시 그 물결 속으로 걸어 들어갔다. 그는 목사들과 교류하게 되었고 그들은 그에게 설교자의 길을 권했다.

하지만 법은 여전히 위그노를 겨누고 있었다. 루이 14세가 사망한 뒤에도 개신교 예배는 여전히 불법이었고 1716년, 1724년, 1745년엔 오히려 더 강화되었다. 설교자는 교수형이나 화형을 당했고 여성들은 감금되거나 수녀원으로 보내졌다. 체포된 즉시 삭발 당했고 단순한 의심만으로도 재판 없이 투옥되는 일이 다반사였다. 성당 주변에는 정보를 파는 스파이들이 활개쳤고 그들은 은밀한 믿음까지 감시했다.

이런 숨막히는 현실 속에서도 위그노들은 더욱 자주 모이기 시작했다. 1719년 1월, 뒤랑 부부는 집에서 다른 신자들과 함께 예배를 드렸다. 그 순간은 단지 말씀을 듣는 시간이 아니었다. 그것은 살아 있음의 고백이었고 영혼의 불꽃이었다. 하지만 집 안의 예배로는 부족했다. 저녁이 되면 그들은 숲속 깊은 곳에서 다시 만났다. 아무도 없는 어둠 속, 그들은 '광야'라고 불린 장소에 모였다. '광야'(Désert)는 위그노들의 은밀한 성소였고 동시에 1685년부터 1787년까지 이어지는 그들의 힘겨운 시대를 상징하는 단어였다.

삐에르 뒤랑과 그의 친구 삐에르 루비에는 지역을 돌며 예배자들을 불러 모았다. 그러나 그들은 예배 가운데 스파이 한 명이 있다는 사실을 몰랐다. 결국 한 주민의 밀고로 인해 광야 집회는 드래곤이라 불리는 왕의 군대에 의해 습격을 당했다. 찬송이 막 시작되려던 순간, 총성이 울렸고 군인들이 들이닥쳤다. 세 명의 소녀가 붙잡혔고 도망치는 사람들에게는 총

알이 날아들었다. 자정 무렵, 삐에르와 그의 친구들, 그리고 아버지 에티엔은 간신히 탈출에 성공했다.

하지만 위기는 거기서 끝나지 않았다. 세 달 후, 군인들이 마리의 집을 습격했다. 집은 파괴되었고 어머니 클로딘은 체포되어 몽펠리에의 성채 감옥에 투옥되었다. 그곳에서 그녀는 결국 세상을 떠났고 에티엔은 그 소식을 7년 후에 들었다. 이 모든 비극은 당시 일곱 살이었던 마리에게 깊은 상처로 남았다. 아버지 에티엔은 어린 딸에게 말없이 성경을 건넸고 하나님의 섭리와 돌보심을 끝내 잊지 말라고 다짐시켰다.

삐에르는 탈출 후 7개월이 지나 가족에게 편지를 보냈다. 그는 목사가 되기로 결심했고 그 결심은 더 이상 되돌릴 수 없는 소명이 되었다. 그는 스위스로 가서 신학을 공부했다. 원래는 아버지가 바랐던 대로 변호사가 되려 했지만 그는 설교자가 되기를 택했다. 그 길은 곧 광야의 길이었다. 그는 '광야의 목자'로 알려졌다. 그는 프랑스 전역의 숨겨진 예배처를 순회하며 복음을 전했다.

삐에르는 적어도 한 번, 집으로 돌아왔던 것으로 알려졌다. 그 만남은 짧았지만 진했다. 마리와 아버지 에티엔은 그와 함께 앉아 많은 이야기를 나누었을 것이다. 그의 여정, 비밀 설교, 개신교회의 재건을 위한 목사들의 계획 등.

당시 프랑스 개신교회는 외롭고 황폐했다. 많은 훈련을 받은 목회자들이 떠난 뒤, 남겨진 설교자들은 정규 교육 없이 강단에 섰다. 그 빈틈을 타고 어떤 이들은 자신이 하나님의 계시를 받았다고 주장했다. 예언, 환상, 직접 계시 등이 난무했다. 삐에르에게 그것은 새로운 위협이었다. 그는 말했다. "이는 박해보다 더 위험하다." 하나님의 말씀을 빙자한 허위의 목소리는 공동체를 갈라놓았고 신앙의 혼란을 불러왔다. 삐에르는 말씀을 붙들었고 그 말씀 안에서만 길을 찾으려 했다.

예언 운동의 영향

그 시절, 프랑스의 암울한 하늘 아래에서 하나의 기묘한 움직임이 작은 촛불처럼 서서히 모습을 드러내기 시작했다. 바로 예언 운동이었다. 그 시작은 1688년, 도피네 지방의 한 평범한 들판에서 양을 치던 어린 소녀 이자보 뱅상의 입술에서였다. 어느 날 밤, 그녀는 꿈결처럼 이상한 말을 중얼거리기 시작했다. 처음에는 아무도 알아듣지 못하는 방언이었고 이내 그녀의 입에서는 시편과 성경 구절이 흘러나왔다. 그 말들은 마치 당대 위그노들이 처한 현실을 정확히 꿰뚫는 듯했다. 사람들은 입을 모아 말했다. "예언자가 나타났다." 소녀의 이야기를 들으려는 이들이 몰려들었지만 이자보는 곧 체포되어 크레스트 감옥에 감금되었다.

그러나 불길은 꺼지지 않았다. 이듬해인 1689년, 더 많은 예언자들이 모습을 드러냈다. 대부분 어린 소년과 소녀들이었다. 이 흐름은 곧 '어린 예언자들의 운동'이라 불리게 되었다. 그들의 메시지는 단순하고 강렬했다. "회개하시오. 다시는 미사에 가지 마시오. 우상을 버리시오." 그러나 그들의 행동은 예언이라는 이름에 어울리지 않는 기이한 면모를 보였다. 중얼거림, 상처 입힘, 온몸의 떨림, 그리고 무아지경에 빠진 듯 죽은 자처럼 누워 있는 모습 등. 이러한 현상들은 가톨릭과 개신교 양측 모두의 비판을 받았다. 예언운동은 박해 가운데 점차 그 영향력을 잃어갔다.

1686년 이후, 정규 목회자가 떠난 자리를 평신도 설교자들이 대신했다. 왕실의 예배 금지 조치에도 불구하고 '광야'라고 불린 은밀한 예배는 더욱 활발해졌다. 밤이 되면 사람들은 몰래 모였고 놀랍게도 그 자리를 지킨 이들 중 많은 수는 소녀와

앙투안 쿠르

부인, 과부들이었다. 그들은 설교자들을 숨기고 먹이고 입히며 때로는 자신의 삶 전체를 그들의 처분에 맡겼다. 권력자들은 그런 여인들을 '해충'이라 불렀다.

이 여성들 중 일부는 환상을 보았고 어떤 이는 무아지경에 빠져 환영을 이야기했다. 그들은 자신만의 예배를 조직하며 '광신도'라는 낙인을 받기도 했다. 남편들의 조언을 무시하고 재산을 없애며 가족들을 위험에 빠뜨린다고 비난받았지만 그들의 믿음은 흔들리지 않았다. 당시 '광신도'라는 단어는 단지 미친 사람이 아니라, 유령이나 영감을 믿는 자, 이성을 넘은 열정으로 움직이는 자를 의미했다. 로마가톨릭 성직자는 물론, 예언을 배격하던 일부 개신교도들조차 이 단어를 쓰며 그들을 멀리했다.

1715년부터 앙투안 쿠르 목사와 그의 동료들, 그리고 삐에르 뒤랑은 이 예언자들의 영향력을 줄이기 위해 노력했다. 쿠르 목사는 여성의 공개 발언조차 금지했다. 그러나 여성들은 멈추지 않았다. 그들은 병상에 누운 이들에게 사제의 기도를 받지 말라고 조언했고 집회를 위한 모금에 앞장섰으며 은밀히 이웃에게 경고를 전하고 설교자들을 숨기며 보호했다.

예언운동은 단지 혼란만을 남긴 것은 아니다. 위그노 여성들의 영적 열정과 역할을 부각시킨 그것은 억눌린 시대의 또 다른 저항의 상징이 되었다. 비록 조직교회는 이를 경계했지만 광야의 어두운 시대 속에서 이들은 촛불이 되어 조용히 빛나고 있었다.

도망 중인 삐에르, 체포된 아버지

1721년, 세벤느의 깊은 골짜기에서 삐에르 뒤랑은 또 다른 설교자들과 손을 잡고 프랑스 개신교회의 평화로운 재건을 꿈꾸고 있었다. 광야의 목자였던 그는 이제 랑그독의 땅에 믿음의 씨앗을 다시 뿌리려 했다. 1726년, 그는 마침내 정식으로 목사 안수를 받았고 같은 해 친구의 여동생이자 갤리선에서 숨진 순교자의 혈육인 앤 루비에와 결혼했다. 그 소식을 들은 아버지 에티엔은 기쁨 속에 깊은 불안을 느꼈다. 왜냐하면 그 해, 이제 성인이 된 루이 15세가 "모든 개신교 설교자는 죽어야 한다"고 선언했기 때문이었다. '사랑하는 아들이 그 혹독한 명령 아래 어떻게 살아갈 수 있을까?'라는 걱정에 에티엔의 가슴은 내내 무거웠다.

삐에르는 수년간 도망자가 되어 그림자처럼 살았다. 그의 설교는 사람들의 가슴에 불을 지폈지만 당국은 그를 불법 설교자로 낙인찍었다. 삐에르를 찾지 못한 경찰은 마침내 그의 가족에게 눈을 돌렸다. 새벽녘, 군인들이 에티엔의 집을 포위했다. 그는 도피했고 열일곱 살의 마리는 이웃에게 맡겨졌다. 군인들은 집 안 구석구석을 뒤졌다. 성경, 시편 집, 에티엔의 일기 등 발견된 모든 것이 뒤랑 가문의 '죄'의 증거가 되었다. 그렇게 한 달이 흐르고 결국 에티엔은 발각되어 체포됐다.

감옥의 문 앞에서 그는 으름장과 회유를 동시에 들었다. "죽을 때까지 갇히게 될 것이다. 하지만 네 아들이 프랑스를 떠난다면 자유를 주겠다." 에티엔은 떨리는 손으로 삐에르에게 편지를 보냈다. "내 나이와 내가 겪고 있는 이 고통을 고려하여, 한 번만 자비를 베풀어 다오. 네 자신도 돌아보아라." 그 편지를 읽는 삐에르의 눈은 고통의 눈물로 젖었다. 그는 믿음과 가족 사이에서 심장이 갈라지는 듯한 아픔을 느껴야 했다.

삐에르는 기도 끝에 결단했다. 그는 하나님의 부르심을 따르기로 했다. 그는 정부의 약속을 믿지 않았다. 그들의 말은 믿음보다 약했고 그의 사명은 아버지의 자유보다 엄중했다. 그는 왕의 사령관에게 편지를 보냈다. "나를 범죄자라 칩시다.

그러나 왕의 명에 따라 아버지를 처벌하는 것이 정당합니까? 최고의 기독교 국가라는 칭호를 가진 왕국에서 이런 일이 정녕 가능합니까?" 정부는 그 말에 귀 기울이지 않았다. 1729년, 에티엔은 지중해의 작은 섬 브레스코의 요새로 이송되었고 그곳에서 14년을 보낸 후 86세에 석방되었다.

삐에르에게 현상금이 걸렸다. 1732년 2월 12일, 한 여인이 친구 집을 방문 중이던 그를 알아보고 신고했다. 밤 10시, 삐에르는 말에 올라 자작나무와 밤나무가 우거진 숲을 지나고 있었다. 그곳엔 군인들이 매복해 있었다. 그는 처음엔 늑대나 강도인 줄 알고 총을 들었지만 상대가 왕의 경비병임을 알아채자 즉시 총을 내렸다. 그는 싸우지 않았다. 성경은 하나님의 권위자에게 저항하지 말라고 가르쳤기 때문이다.

추운 겨울 밤, 삐에르는 베르누 인근에서 붙잡혔다. 그는 끌려가 심문을 받았고 곧 처형이 준비되었다. 수많은 사람들이 그를 보기 위해 몰려들었다. 그는 시편 25편을 암송하며 걸었다.

"여호와여, 나의 영혼이 주를 우러러보나이다… 나를 부끄럽지 않게 하소서…"

몽펠리에 광장 순교자 기념비

몽펠리에 광장

그의 마지막 간청은 가족을 풀어달라는 것이었다. 그는 찬송을 불렀고 성경을 암송했다. 다음 달, 그는 몽펠리에로 이송되었고 1732년 4월 22일엔 광장 한가운데 교수대가 세워졌다.

장대 같은 비가 내리던 날, 사형 집행자는 물었다. "왕의 명령을 알지 못했는가?" 삐에르는 또렷이 말했다. "나는 그 명령을 잘 알고 있다. 그러나 나는 그 법을 어기지 않았다. 왜냐하면 나는 왕국을 전복하려 하지 않았기 때문이다. 나는 진리를 말했을 뿐이다." 빗물에 젖은 북소리, 그리고 그 위를 뚫고 나온 찬송. 그날 그의 죽음은 사람들의 가슴에 불을 지폈다. 진리를 위해 살고 진리를 위해 죽는 이의 삶은 오히려 살아 있는 자들의 심장을 깨운다. 그를 교수형에 처한 이유는 왕의 선언을 위반하고 불법 개신교 성직자로서 설교했기 때문이었다. 판결문엔 그렇게 기록되어 있다. 그를 회유하려던 5명의 가톨릭 사제는 그의 거절 앞에 말을 잃었다. 반역자로 처형당한 삐에르는 위그노의 눈에는 위대한 순교자였다.

삐에르의 영웅적 죽음 이후, 뒤랑 가족은 사람들의 기억 속에서 점차 잊혀졌다. 아버지, 어머니, 그리고 마리. 그들은 순교자 가족으로 조용히 사라졌다. 집엔 가축과 밭만 남았고 마리는 혼자였다. 19살의 마리는 삶과 가족의 모든 짐을 짊어져야만 했다.

그 무렵 마리에게 청혼한 이는 마흔 살의 마티유 세르라는 남자였다. 그는 가족의 친구였을지도 모른다. 마리는 아버지에게 편지를 썼지만 답은 오지 않았다. 결국 그녀는 스스로 선택했다. 1730년 4월, 두 사람은 결혼 계약을 맺었다. 그러나 희망은 오래가지 않았다. 결혼 세 달 만에 마리와 마티유는 함께 체포되었다. 죄목은 '개신교 목사의 여동생'. 마리는 콩스탕스 탑으로, 마티유는 브레스코 요새로 보내졌다. 마티유는 1750년에 석방되어 스위스로 추방되었고 1760년 비바레로 돌아왔지만 마리를 다시 만나지 못했다.

마리는 탑에서 자신을 '마드모아젤', 또는 '라 뒤랑'으로 불러달라 했다. 그것은 결혼 이전의 정체성을 지키려는 것이었다. 그녀는 종신형을 선고받았다. 1730년 9월, 마리는 아버지로부터 편지를 받았다.

"네 오빠는 모든 것을 버리고 하나님을 위해 일했다. 너도 그의 길을 따라 용기를 잃지 말고 인내하거라."

이제, 마리의 진짜 이야기가 시작된다.

제3장

콩스탕스 탑에서의 생활

콩스탕스 탑에서의 생활

콩스탕스 탑

에그모르트. 이름부터 음울한 이 도시는 '죽은 물'이라는 뜻을 품고 있다. 도시를 감싼 습지에서는 여름이면 악취가 진동했고 모기떼가 공기를 채웠다. 이곳은 말라리아와 열병의 온상이었기에 사람들은 종종 '병이 걸리는 도시'라 불렀다. 이 병든 공기 속에 갇힌 자들이 있었으니 그들이 바로 콩스탕스 탑의 수감자들이었다.

에그모르트 전경

에그모르트에는 세 개의 감옥 탑이 있었다. 퀸즈 탑, 마스크 탑(남성용), 그리고 여성들의 절망이 담긴 콩스탕스 탑이었다. 일반 수감자들의 평균 수감 기간은 6개월. 그러나 마리 뒤랑은 38년, 마리 로베르는 40년을 그 안에서 보냈다. 이유는 단 하나, 그들이 신앙을 버리지 않았기 때문이다.

이 감옥들은 밤이면 무겁게 닫혔고 낮에는 방문객과 간수가 오갔다. 가족들은 편지와 소포를 보냈고 간혹 간수의 동행 하에 도시 외곽까지 나가는 허가가 주어지기도 했다. 몇몇은 탑 바깥의 도시로 이동하며 감옥 아닌 감옥에서의 일상을 살기도 했다. 그러나 대부분은 벽돌과 침묵, 그리고 거짓 회유 속에 삶을 가두어야 했다.

콩스탕스 탑은 두 개의 둥근 방으로 구성되어 있고 벽면에는 좁은 화살 구멍이 뚫려 있다. 햇빛은 제대로 들어오지 않았고 공기는 무거웠다. 탑의 꼭대기 돔에는 오큘러스라 불리는 작은 원형 통풍구가 있다. 그 구멍을 통해 희미한 바람이 돌았고 연기가 빠져나갔다. 탑은 물 없는 해자의 중앙에 서 있었으며 성벽과 담장이 이를 둘러쌌다. 계단을 따라 오르내리는 수감자들의 발소리만이 시간의 흐름을 알렸다.

세 개의 아치가 있는 좁은 다리가 성벽을 넘어 총독의 숙소와 탑을 연결했다. 그 숙소 안뜰에는 감옥보다 더 감옥 같은 예배당이 있었다. 주일이면 이곳에서 미사가 열렸지만 개신교 수감자들은 고개를 숙이지 않았다.

1686년 3월부터 이 탑은 개신교 신자들을 가두는 용도로 사용되기 시작했다. 1705년까지는 남녀 혼성 수용소였으나, 그해 1월 5일 카미자르의 지도자 아브라함 마젤이 투옥되며 사정이 달라졌다. 마젤은 6개월간의 침묵 끝에 17명의 동지들과 함께 탈출을 감행했다. 그 사건은 이 탑을 여성 전용 종신 감옥으로 전환시키는 계기가 되었다.

외관상 탈출은 불가능해 보였다. 세 개의 보초 입구, 주먹보다도 작은 벽 틈, 해자, 성벽…. 그러나 마젤은 믿음처럼 단단한 계획으로 그것들을 넘어섰다. 그는 쇠못을 갈아 돌을 쪼았고 침대 시트로 28미터 길이의 이중 밧줄을 만들었다. 1705년 7월 24일 밤, 그들은 돌을 치우고 밧줄을 고정해 구멍 밖으로 내렸다. 32명의 수감자 중 17명이 용기를 내어 해자 속으로 몸을 던졌다. 그들은 성벽을 넘고 운하를 건넜으며 갈대밭에 몸을 숨겼다. 다음 날 밤까지 숨어 있던 탈주자들은 마침내 각자의 집으로 흩어졌다. 아브라함 마젤은 1710년 군인들에게 총살당할 때까지 왕권에 맞서 싸움을 이어갔다. 이 사건 이후 두 명의 탑 관리자는 해임되었다.

이후, 그 탑에는 1730년부터 또 한 명의 여인이 갇히게 된다. 그녀의 이름은 마리 뒤랑. 그녀의 진짜 이야기는 그 벽 안에서 다시 시작된다.

다른 수감자들

1730년, 마리 뒤랑이 콩스탕스 탑에 수감되었을 때, 이미 28명의 여성들이 그곳에 있었다. 탑 안의 공기는 무겁고 벽은 침묵을 말하고 있었지만 그 안에는 여전히 살아 있는 사람들의 이름과 이야기가 있었다. 마리는 그 중 몇 명의 이름을 이미 알고 있었다. 그리고 그들 사이에는 아이들도 있었다. 어린아이, 심지어 갓난아기까지 함께 감금되어 있었다. 이 여성들 대부분은 예배 모임에서 붙잡힌 이들이었다. 누군가는 조용히 성경을 읽다가, 누군가는 사랑하는 사람과 개신교 방식으로 결혼식을 올리다 감옥으로 끌려왔다. 믿음은 평범했지만 그 평범함을 끝까지 지켰기에 그들은 죄인이 되었다.

그곳에서는 출산도 이루어졌다. 한 생명이 생존한다는 사실

콩스탕스 탑

조차 기적처럼 여겨지던 장소에서 말이다. 수감자들은 유아나 어린 자녀와 함께 감금되었고 그들의 모습은 신음보다 더 무거운 침묵으로 기록됐다. 비바레에서 온 세 여성은 아이와 함께 탑에 들어왔다. 1737년 6월, 구테의 아내 이사벨 메네와 마리 베이는 생후 한 달 된 아이를 안고 그 문을 통과했다. 이사벨의 아이는 7살이 될 때까지 그 탑 안에서 자랐고 결국 도피네의 한 공증인에게 넘겨졌다. 마리 베이의 아이와 관련된 소식은 전해지지 않는다.

1742년, 앤 고테스와 그녀의 여섯 달 된 딸 캐서린도 탑에 도착했다. 앤은 마리 뒤랑과 특별한 우정을 나누었다. 마리는 조카에게 보낸 편지에 이렇게 적었다.

"나는 열두 살짜리 어린 소녀를 데리고 있단다. 그녀의 어머니는 나와 함께 식사를 하지. 아이는 기특하게 자라나 겸손하고 지혜로워 사람들의 존경을 받고 있어. 누구든 그녀를 보면 말하더구나. '아, 착한 아이구나!' 하지만 나는 걱정이 돼. 그녀는 나를 친어머니처럼 사랑한다고 말하지. 나는 이 아이에게 진짜 엄마 같은 존재일까?"

탑 안의 여성들 중에는 사회적으로 신분이 높았던 이들도 있었다. 그러나 그들 모두는 아버지나 남편, 혹은 아들의 설득에도 불구하고 신앙을 철회하지 않았다는 이유로 종신형을 선고받았다. 그들은 머리를 깎였고 가진 것을 빼앗긴 채 짚으로 만든 거친 매트리스 위에서 잠을 청했다. 음식은 빵과 물뿐이었다. 여름이면 탑을 에워싼 습지에서 올라오는 열기가 그들을 잠식했고 각종 질병은 늘 가까운 그림자처럼 그들을 따랐다.

연령대도 다양했다. 에스페랑스 뒤랑스는 86세로 생을 마쳤고 캐서린은 겨우 생후 6개월이었을 때 어머니와 함께 감옥에 들어왔다. 탑 안의 사람들은 나이도, 배경도, 이유도 달랐지만 오직 하나의 공통점이 있었다. 결코 믿음을 저버리지 않았다는 것!

그들은 오직 믿음 하나로, 그 거대한 돌탑 속에서 삶을 살아내었다.

수감자들의 일상

하루가 시작되면 콩스탕스 탑의 여성들은 거대한 돌 벽 안에서 함께 깨어난다. 천장 중앙의 오큘러스, 그리고 벽의 좁은 구멍들로 들어오는 빗물은 방 안을 적셨고 공기엔 습기가 가득 찼다. 장작은 젖어 있었고 불을 피우면 연기가 방 안을 자욱하게 메웠다. 어둠과 연기, 축축한 공기 속에서 하루가 천천히 흘렀다. 겨울이면 그 구멍으로 눈이 날아들었고 여름이면 모기와 더위가 틈을 비집고 들어왔다. 여성들은 때때로 탑의 꼭대기에 있는 테라스로 올라가 신선한 공기를 마셨지만 그것조차 제한된 자유였다. 개신교 작가들은 이 탑을 '무덤' 혹은 '돌로 만든 관'이라 불렀다. 마리는 그것을 '잔인한 지옥'이라 표현했다. '가장 끔찍한 탑', '죄수들의 집', '극심한 습도와 항상 깃들어 있는 끔찍한 어둠'은 고통과 병을 만들어냈다.

"우리는 햇빛을 보지 못합니다. 항상 우리를 질식시키는 연기로 인해 어둠에 둘러싸여 있습니다." 마리는 후원자들에게 쓴 편지에서 그렇게 말했다. "이곳은 공포 중 공포이며 우리가 상상하는 지옥의 실제 모습이라고 할 수 있습니다." 그녀는 또 다른 편지에 이렇게 적었다. "우리는 여기서 죽음보다 더 나은 하고 더 쓰라린 삶을 보냅니다." 정말 그 말대로 탑 안에서 시간은 늘어지고 감각은 무뎌졌다.

수감자들은 두 개의 방을 사용했다. 각 방에는 벽난로와 오븐이 있어 여성들은 스스로 요리하고 난방을 했다. 양질의 장작이 있을 땐 하루가 한결 나았지만 대부분의 시간엔 연기가 실내를 덮었다. 화살 구멍을 천으로 막아 바람을 피하면 연기는 갈 곳을 잃고 방을 떠돌았다.

밤이면 짚이 얹힌 나무 침대에 누웠다. 침대는 층마다 15명까지 수용할 수 있었고 수감자들은 손수 만든 시트와 담요로 몸을 덮었다. 아마도 작은 상자 하나쯤은 있었을 것이다. 그 안에 서류나 돈, 그리고 희망의 파편이 되었던 몇 장의 편지가 들어 있었을지도 모른다. 마리는 편지를 쓸 수 있도록 작은 책상을 가지고 있었을 것이다.

하루 식사는 빵 반 파운드와 물 한 컵. 가끔 외부에서 친구들이 음식을 보내줬고 그 안엔 쌀, 콩, 라드, 밤 같은 것들이 담겨 있었다. 여성들은 이 작은 선물들을 벽난로에서 조심스레 조리했다. 식사는 단순했지만 그것이 살아 있음의 증거이기도 했다.

낮에는 방 중앙에 모여 앉았다. 누군가는 물레를 돌리고 누군가는 천을 꿰맸다. 입고 있던 옷을 수선하고 식사용 테이블을 닦고 주방 기구를 정리했다. 시편으로 함께 기도하고 울고 웃고 노래하고 하늘을 향해 한숨을 내쉬었다. 작은 조각의 면과 실만 있어도 손은 쉴 틈이 없었다.

불을 피우고 유지하는 일, 나무를 자르고 나르는 일, 식사를 준비하고 냄비와 프라이팬을 닦는 일, 욕조에서 빨래를 하고 햇볕에 널어 말리는 일, 방 청소, 간수의 심기를 살피는 일 등의 일상이 반복적으로 이뤄졌다. 아이와 노인을 돌보는 손길도 쉼 없이 이어졌고 간혹 간수의 아내에게 감사의 표시로 자수를 놓아 보내주기도 했다. 때로 간수는 여성들에게 노동을 시켰고 그 대가로 약간의 식량이나 돈을 제공했다. 작은 거래였지만 그것은 생존의 실마리였다. 수감자들은 지난날을 이야기했고 편지와 소식을 나눴다. 그리고 오직 하나, 석방될 날을 희망하며 하나님의 말씀으로 서로를 격려했다.

탑은 외부인의 방문을 허락했지만 외부의 발걸음은 드물었다. 그럼에도 여성들은 탑을 덮고 있는 테라스로 올라가 하늘을 바라보았다. 해자를 따라 걷는 짧은 순간, 햇빛은 침묵을 뚫고 그들의 얼굴을 비췄다.

수감자 이자보 메네는 어느 날 편지에 이렇게 썼다. "벽으로 둘러싸인 탑에서 우리는 아침 두 시간, 저녁 두 시간 동안만 총독의 숙소 아래 안뜰에 나갈 수 있었답니다." 그 한 문장이 탑 안의 일상에 규율이 있었음을 말해준다. 그리고 그 규율 속에서도 여성들은 '기다림'이라는 가장 오래된 신앙의 전통을 지키고 있었다.

여성들의 생활

콩스탕스 탑은 그 자체가 하나의 세계였다. 벽으로 둘러싸인 이 작은 세계 안에는 신분도 배경도 언어도 다른 여인들이 모여 있었다. 그들 중엔 지체장애가 있는 이도 있었고 정신적으로 불안정한 이도 있었다. 가족이 없는 부랑자 여인, 칼뱅주의 명문 부르주아 집안 출신의 여성, 문맹이지만 신실한 오크어 화자, 그리고 프랑스어와 오크어 모두에 능통하고 글을 쓸 줄 아는 마리 뒤랑 같은 여인도 있었다.

이질적인 존재들이 한 공간에서 살아가는 일은 쉽지 않았다. 하지만 그들은 처음엔 말없이 서로를 지켜보았고 점차 이해하고 때로는 포기하지 않고 서로를 안아주었다. 믿음이 그들을 하나로 묶었지만 감정은 때때로 그 끈을 끊고 튀어나왔다. 서로 다른 성장 배경과 성격, 신학적 견해, 심지어 상처 입은 자존심이 충돌을 일으켰다.

특히 1720년대와 1730년대의 수감자들 중에는 스스로를 예

콩스탕스 탑 속에서 여성들의 생활

언자라 주장했던 여성이 있었다. 또 분파주의자, 환상가로 불린 이들도 있었다. 그들의 믿음은 때로는 과격했고 때로는 탑 안의 분위기를 뒤흔들었다. 조용한 기도 시간에 비명이 터져 나올 때도 있었고 작은 말 한마디가 눈물과 고함으로 번지기도 했다. 질투와 오해, 말다툼이 끊이지 않았다.

그러나 그 모든 혼란 속에서 그들에게 편지를 보내는 한 사람의 목소리가 있었다. 앙투안 쿠르 목사는 벽 너머에서 감옥 안의 자매들에게 끊임없이 쓰고 또 썼다. 편지의 글들은 때로는 위로였고 때로는 꾸짖음이었다. 그는 말했다. "그리스도를 위해 고통 받는 것이야 말로 특권입니다. 당신들이 서로 다투는 대신, 평화를 이루는 자가 되십시오. 환상을 좇지 마십시오. 환상은 당신을 혼란스럽게 하지만 하나님의 말씀은 당신을 지혜롭게 합니다."

쿠르 목사는 단호하면서도 사랑으로 말했다. "오직 하나님의 유일하고 확실한 말씀인 성경에 매달리십시오. 그 말씀만이 당신으로 하여금 모든 선한 일을 배우고 행하게 하는 능력이 됩니다."

탑 안의 여성들은 이 편지를 함께 읽었고 어떤 날은 눈물을 흘리며 서로의 손을 붙잡았다. 그들의 갈등은 완전히 사라지지 않았지만 적어도 그 갈등 위에 말씀의 등불이 하나 더 켜져 탑 안의 평화를 이루던 날들이 있었다.

두 개의 공동체

콩스탕스 탑의 어두운 석벽 안에는 하나의 공동체가 아닌, 두 개의 공동체가 있었다. 하나는 랑그독 출신 여성들의 무리, 또 하나는 먼 지역 비바레에서 온 여성들의 모임이었다. 같은 신앙을 가진 이들이었지만 지역 차이는 눈에 보이지 않는 벽을 세웠고 그 벽은 때때로 갈등과 불신으로 번졌다.

1740년, 마리는 한 편지에 이렇게 기록했다. "랑그독 여성들은 비바레 여성들이 자신들을 먹여 살리기 위해 음식을 줄여야 한다고 주장합니다." 그들은 같은 식탁조차 나누지 않았다. 이 작고 어두운 탑 안에서도 인간의 본능적인 거리감은 그대로 존재했다. 수감자들이 먹는 음식은 그야말로 생존을 위한 최소한의 것이었다. 매일 물을 받아야 했고 도시의 제빵사들이 구운 '왕의 빵'을 배급받았다. 하지만 그 양은 항상 부족했다. 부유한 수감자들은 간수나 지역 상인을 통해 식량을 따로 구입했고 나머지 여성들은 멀리 있는 가족에게 편지를 보내 도움을 청했다. 간혹 자선을 통해 연명하는 이들도 있었다.

마리는 그런 이들을 위해 펜을 들었다. 후원자에게 감사 편지를 보냈고 고위 인사에게 탄원서를 올렸다. 그녀는 점차 수감자들의 목소리와 탑 안의 대변인이 되었다. 그녀는 1740년에 이렇게 말했다. "제가 이곳에 온 지 10년 동안, 비바레에서는 우리에게 아무것도 보내지 않았습니다." 이 말은 단지 식량의 부재만을 뜻하지 않았다. 그것은 외로움, 단절, 그리고 비바레 출신이라는 이유로 받은 침묵의 형벌을 뜻했다.

그럼에도 마리는 네트워크를 확장해 나갔다. 에그모르트는 오래전부터 소금의 도시였다. 소금 산업은 지역 주민들에게 일자리를 제공했다. 마리는 이 도시에서 가톨릭 신자임에도 정직하고 편견 없는 회계사, 약사, 의사, 외과의사, 우체국 국장, 심지어 제화공장 노동자들과 연결되었다. 그녀는 그들과 신뢰를 쌓았고 그들을 통해 감옥 밖의 세상과 조용히 연결되어 있었다.

마리는 재정 문제 역시 도시의 상인에게 의탁했던 것으로 보인다. 그녀는 랑그독 전역의 여러 목사, 상인, 위그노 명문가들과도 접촉하고 있었다. 감옥은 그녀의 육신을 가두었지만 그녀의 영혼은 여전히 외부와 교류하며 그 끈을 놓지 않았다. 그녀의 편지들은 단순한 소식이 아니었다. 그것은 신앙 공동체의 연결망이었고 동시에 저항의 기록이었다. 로잔으로 유배된 조카와 제네바로 망명한 위그노들과의 접촉 기록은 마리의 삶이 콩스탕스 탑에만 머무르지 않았음을 증명했다. 이 돌 벽 속의 여인은 외로움 속에서도 모두를 위한 길을 만들고 있었다.

기부자들

가장 관대하게 정기적으로 기부한 사람과 단체는 프랑스 목사인 폴 라보와 네덜란드 암스테르담의 프랑스인 교회인 왈룬 교회였다. 수감자들은 현금(또는 금화)을 비롯해 채소와 쌀, 기름, 향신료, 비누, 약, 직물(면, 양모, 실크) 등을 공급받았다. 또 난방이나 요리에 필요한 땔감과 종이, 잉크, 깃펜, 양초 등도 받았다. 폴 라보 목사는 20세에 님에 정착해 죽을 때까지 그 도시의 목사로 지냈다. 그는 마리 뒤랑에게 귀중한 도움을 주었다. 특히 1752년부터 시대적 조류인 종교적 관용의 정신이 점차 확산되면서 중요한 역할을 했다. 그는 법으로 정의된 공공질서를 어기지 않는 조건으로 종교의 자유를 인정하는 '인권과 시민의 권리선언'(1789)의 저자 중 한 명인 장 폴 라보 생테티엔의 아버지이기도 하다.

1761년 탑을 방문한 한 방문객은 "개신교도들은 돈이나 포도주, 기름 등 물품을 충분히 가지고 있는 것 같았다"고 언급했다. 그러나 외부 지원은 불규칙적이었으며 1740~1745년의 경우 수감자가 많아 생필품은 현저히 부족했다고 한다. 수감자들이 아플 때는 도시의 의사들이 유료로 진료를 나오기도 했다. 하지만 당시 의료 행위란 매우 단순해서 피를 뽑는다든지 나무껍질에서 추출된 치료제인 퀴닌 등을 사용하는 게 전부였다.

여성들은 탑에서도 일했다. 주로 옷을 만들고 수선하는 활동을 했다. 이런 근로는 자신들의 옷을 위해서도 필수였다. 여성들은 하루 몇 시간 동안 옷을 만들고 수선했으며 스타킹을 짰다. 여성들은 가족과 친구들을 위해서도 바느질을 했다. 마리 역시 조카를 위해 셔츠와 드레스, 페티코트를 만들었다. 여성들은 불행한 현실을 견디기 위해서도 자수와 레이스 작업을 했고 색색의 천으로 옷이나 머리 장식을 꾸미기도 했다. 이 옷들 중 일부는 면화를 가져오는 도시 상인들에게 판매하기도 했다.

수감자들은 불을 피워 유지했고 나무를 자르고 나르기도 했다. 식사를 준비하며 냄비와 프라이팬, 접시를 닦았다. 욕조에서 빨래를 한 뒤, 빨래한 옷을 햇볕이나 바람에 널어 말렸다. 그들은 이렇게 온갖 일상을 살았다. 비록 분주한 일상이었지만 혹독한 감금생활을 잊게 했다. 수감자 중 일부는 콩스탕스 탑의 소장에게 고용돼 그를 위해 온갖 허드렛일을 하기도 했다.

오빠의 장모와 수감생활을 하다

마리는 매일 아침, 벽에 기대어 하늘을 바라보며 가족들의 소식을 기다렸다. 아버지 에티엔이 보낸 편지는 그녀에게 위로가 되었고 그 편지에 남편 마티유가 덧붙인 짧은 문장은 더욱 가슴을 울렸다. 마티유는 아내와 떨어진 고통을 견디기 힘들어 감옥 안에서 식음을 전폐하기까지 했다.

마티유는 이렇게 썼다. "사랑하는 내 사람이여, 믿음은 우리에게 빵과 같아요. 믿음 없이는 살 수 없지요. 어떤 환경 속에서도 믿음을 지켜 주기를 간청합니다." 그러나 이 절절한 고백은 마리의 손에 닿지 못했다. 간수에 의해 편지가 도중에 가로채졌고 마리는 그 애끓는 편지를 영영 읽을 수 없었다. 그러던 어느 날, 예기치 않은 소식이 탑 안에 울려 퍼졌다. 오빠 삐에르의 장모, 이자벨 루비에가 콩스탕스 탑에 수감된다는 소식이었다. 그녀는 딸과 삐에르의 결혼이 로마 가톨릭 교회에서 이뤄지지 않았다는 이유로 지속적으로 결혼 취소를 시도했다. 그러다 결국 자신도 감옥에 오게 된 것이었다.

이자벨은 삐에르와 그의 가족을 늘 원망했다. 그녀는 자신 주위의 모든 고통의 원인이 삐에르 가문에 있다고 여겼다. 마리는 그녀를 "인색하고 극도로 배은망덕한 사람"이라고 표현했지만 동시에 그녀의 마음속 고통을 이해하지 못하는 것도 아니었다. 사실 이자벨의 삶 역시 처절하기 그지 없었다. 아들은 갤리선에 노예로 끌려갔고 딸은 쫓기는 자로 살아야 했다. 첫 손주는 방랑 중 세상을 떠났고 이제는 자신마저 감옥에 갇힌 신세가 되었다. 마리는 그녀를 위해 하나님께 사랑과 인내를 구했고 감옥 안의 또 하나의 십자가를 기꺼이 짊어졌다.

삐에르가 부인 앤에게 보낸 편지 속에는 이자벨의 심경에 변화가 있었음을 알리는 문장이 있었다. "하나님께 감사합니다. 그녀의 양심이 깨어났습니다. 이제 그녀는 자신이 잘못했다는 것을 압니다." 이자벨도 보통 여인이 아니었다. 그녀는 믿음을 부인하면 풀려날 수도 있었지만 끝내 그 길을 택하지 않았다.

마리는 이자벨이 지병으로 세상을 떠나는 날까지 돌보았다. 탑 안에서 두 여인은 서로를 이해하려 노력했고 마리는 그녀로부터 앤과 아이들의 안부를 전해 들었다. 그들은 모두 무사했고 앤은 아이들과 로잔에서 살고 있었다. 하지만 앤의 마음속에는 늘 외로움과 가족을 향한 그리움이 있었다. 삐에르는 죽음의 날까지 13년 동안 프랑스를 비밀리에 오가며 말씀을 전했고 숨어 있는 신자들과 그들의 자녀에게 세례를 주었다. 앤에게 보낸 그의 편지엔 언제나 동일한 소망이 담겨 있었다. 흩어진 가족이 다시 하나가 되기를 바라며 하나님 안에서 다시 만날 날을 기다린다는 소망이. 그 소망의 날들을 위해 마리는 기도했다. 어머니처럼, 자매처럼, 그리고 하나님의 딸로서 사랑과 인내의 무거운 짐을 짊어지고 그녀는 그 고요한 탑 안에서 묵묵히 버티고 있었다.

지도자 마리 뒤랑

어두운 돌 감옥의 천장에서 햇살은 거의 들지 않았지만 콩스탕스 탑 안에는 조용한 빛 하나가 영롱하게 빛나고 있었다. 마리 뒤랑이 그 빛이었다. 그녀는 시간이 흐를수록 그곳의 중심이자 등불 같은 존재가 되어갔다. 매일의 예배를 인도하고 이름 모를 누군가의 구원을 간청하듯 수많은 편지를 써 내려갔다. 배고픔보다 더 깊은 영혼의 공허를 메우기 위해 그녀는 끊임없이 펜을 들었다.

수감자의 삼분의 이는 글을 읽거나 쓸 줄 몰랐다. 따라서 외부와 소통하는 일은 오롯이 마리의 몫이었다. 그녀가 쓴 편지는 차가운 돌 벽을 넘어 바깥세상으로 흘러갔다. 편지는 어느새 구원의 끈처럼 작용했다. 때때로 마리는 그리스도의 이름으로 외부인들에게 이렇게 썼다. "주 예수님은 그분의 자녀에게 차가운 물 한 잔이라도 준 자에게 상을 약속하셨습니다. 십자가의 깃발 아래에서 싸우는 자에게 양식을 주는 이는 더 큰 상급을 받을 것입니다."

그녀는 탑 안의 지도자였다. 한 손엔 펜을, 다른 손엔 찬송과 기도를 쥐고 수감된 아이들에게는 글을, 여인들에게는 말씀을

콩스탕스 탑 속의 지도자로 역할하는 마리 뒤랑

가르쳤다. 아이들은 그녀를 사랑했다. 그녀의 편지에는 종종 자신을 껴안고 입 맞추던 작은 소녀에 대한 애틋한 언급이 담겨 있다.

그녀의 가장 가까운 친구 중 한 명은 이자보 메네였다. 둘은 비슷한 또래였고 하나님에 대한 사랑과 시편에 대한 애정, 그리고 고통 속에서도 하나님을 붙드는 신실함이 동일했다. 그들은 서로에게 편지를 쓰며 다짐했다. "죽을 때까지 하나님께 충실하자." 이자보는 종종 이렇게 속삭였다. "하나님이 우리에게 요구하시는 것은 오직 그분의 영광을 위한 것뿐이야."

그러나 평화의 고백은 종종 시련과 함께 왔다. 이자보의 남편이 갤리선에서 목숨을 잃었다는 소식은 그녀의 심장을 무너뜨렸다. 그리고 정부는 그녀의 아들이 더는 감옥 내 여성들과 지내기엔 나이가 많다며 다른 감옥으로 이송하겠다고 통보했다. 그 이별은 그녀의 정신을 산산이 부수었다. 이자보는 결국 15년 뒤, 병든 정신으로 탑을 떠났다. 마리는 친구의 붕괴를 지켜보며 더욱 간절하게 말씀을 붙들었다. "현재의 고난은 장차 나타날 영광과 비교할 수 없도다"라는 로마서 8장 18절 말씀을 늘 되뇌었다.

마리의 펜은 기도와 가르침만을 위한 도구가 아니었다. 그것은 그녀의 가문과 조카 앤의 권리를 지키기 위한 무기이기도 했다. 오빠 삐에르가 처형된 후, 마리는 가족의 유산과 재산 문제에 깊이 관여하게 되었다. 욕심 많은 친척들이 가족의 재산을 차지하려 들었고 마리는 감옥 안에서 그들과 맞서 싸워야 했다. 그녀는 여러 목사들과 지인들에게 편지를 보내며 도움을 요청했고 종종 조카 앤에게도 강단 있게 충고했다. "사랑하는 앤, 네 물건을 정리할 때 부주의하지 마렴. 끝날 때까지 편지를 계속 써야 해." 그녀의 편지에는 기독교 신앙의 본질과 도덕적 교육, 그리고 조카를 향한 깊은 사랑이 담겨 있었다.

한 손엔 인내, 한 손엔 정의를 쥔 마리 뒤랑은 단순한 죄수가 아니었다. 그녀는 갇힌 예언자였고 갇힌 교사였으며 무엇보다 믿음으로 살아낸 진짜 지도자였다.

레지스떼

프랑스 전역에서 개신교 예배가 금지되던 시기, 역설적으로 콩스탕스 탑 안에서는 매일 하나님께 드리는 기도와 찬양이 울려 퍼졌다. 수감자들은 탑이라는 좁고 어두운 공간 속에서도 마음껏 예배하고 시편과 성경 말씀에 따라 믿음을 단련했다. 그 안에서 그들은 오히려 자유로웠다. 마리 뒤랑도 예외는 아니었다. 그녀는 1757년, 시력이 나빠졌음에도 조카에게 큰 글씨로 잘 정리된 시편 책을 보내 달라고 부탁하며 이렇게 노래했다.

"여호와 내 하나님이여, 내가 주께 피하오니 나를 쫓아오는 모든 자들에게서 나를 구원하여 내소서."(시편 7:1)

그녀는 동시에 장 뱁티스트 르누의 책도 원했다. 르누는 한때 로마 가톨릭 신자였으나 칼뱅주의자가 되어 반 교황주의에 관한 글을 남긴 인물이었다. 그녀는 이런 신앙적 문헌뿐만 아니라 노스트라다무스의 책도 요청했다. 25년 전 감옥에 들어오기 전 읽었던 세속적인 책이었지만 마리는 이를 다시 펼쳐 보고 싶었다. 신학적 통찰과 지적 호기심이 뒤섞인 그녀의 독서는 단순한 지적 취미를 넘은 영혼의 저항이자 생존의 몸짓이었다.

1761년, 콩스탕스 탑을 지나던 한 모라비안 기독교인은 수감자들이 자신들의 고통을 자랑하며 완고함을 미덕으로 여긴다고 비난했다. 이에 마리는 그런 말을 경계하라며 조심스럽게 경고했다. 이것은 그녀의 신학과 인격, 신앙의 깊이를 여실히 드러내는 반응이었다. 고난 속에서도 그녀는 자신과 신앙 공동체를 지키고자 싸우고 있었다.

그러나 그 탑의 삶에서 가장 견디기 힘든 유혹은 바로 '자유'였다. 정확히는 자유를 얻기 위한 '배교'였다. 가톨릭 사제들은 수감자들에게 말하곤 했다. "단지 한 번의 미사에만 참석하라. 그저 입으로 고백만 하면 된다. 그러면 세상으로 나갈 수 있다." 그 유혹은 달콤했고 조건은 간단해 보였다. 그러나 그 대가는 영혼을 파는 것이었다.

개종은 조용히 이루어졌다. 탑 입구 앞 작은 방에서 여성들은 개신교 신앙을 부인하는 편지에 서명하고 어두운 감옥을 떠났다. 어떤 이는 탑 밖으로 나가기 직전 숨을 거두었고 대부분은 죄책감과 침묵 속에 사라졌다. 마리와 그녀의 동료들은 이 과정을 지켜보며 속으로 울었다. 서로 말은 하지 않았지만 영혼의 탄식은 그들 모두에게 전해졌다.

그 즈음, 누군가 탑의 중앙 돌 선반에 단 한 단어를 새겼다.

"레지스떼"(저항하라)

　많은 이들은 그 글귀를 마리 뒤랑이 새긴 것이라 믿는다. 이 레지스떼는 군주제나 제도, 감옥 그 자체에 대한 저항이 아니었다. 그것은 사제의 달콤한 말, 배교의 유혹, 진리를 포기하라는 내면의 속삭임에 맞선 고요하고 단단한 거절이었다. 마리의 고함치며 무력을 사용하며 저항하지 않았다. 그 저항의 무기는 매일 새벽을 깨우는 기도였고 시편을 읊는 입술이었으며 사랑하는 동료들에게 읽어주는 하나님의 말씀, 그리고 결코 부서지지 않는 믿음의 태도였다. 그녀는 오랜 고뇌 속에서도 개종한 사람들을 정죄하지 않았다. 오히려 깊은 슬픔을 가슴에 묻고 자신에게 남겨진 싸움을 묵묵히 지속했다.
　그녀의 레지스떼는 탑 안에 남아 있던 이들에게 정서적 유대의 상징이 되었고 견딜 수 없는 고난의 무게를 짊어진 자들의 마음에 불꽃처럼 스며들었다. 그 한 단어는 절망의 밑바닥에서도, 고통과 배신, 그리고 유혹 앞에서도 흔들리지 않는 신앙의 선언이 되었다. 마리 뒤랑은 콩스탕스 탑에 갇힌 38년의 세월 동안 돌바닥에 새겨진 단 한 마디 레지스떼를 붙들고 살았다. 그리고 수많은 세월이 흐른 지금도 많은 이들이 기억하

콩스탕스 탑 벽에 새겨진 레지스떼

는 믿음의 인물이 되었다.

육체적 약함에 직면하다

　세월은 누구에게도 예외를 두지 않았다. 콩스탕스 탑에 수감된 여성들도 하나 둘 나이를 먹었고 육신은 점차 쇠약해져 갔다. 질병은 침묵 속에서 찾아와 저항의 힘을 갉아먹었다. 삐에르의 장모였던 이자벨 루비에르는 점차 몸의 마비가 진행되었고 마리의 도움에 의존해 하루하루를 버티다 결국 탑에서 숨을 거두었다.

　마리 또한 병마의 고통을 피해 갈 수 없었다. 말라리아로 추정되는 반복적 고열은 그녀의 몸을 자주 무너뜨렸고 습기 찬 탑의 환경은 류머티즘을 불러와 그녀의 관절을 고통 속에 몰아넣었다. 추운 겨울이면 탑 안에는 물이 가득 찼고 지독한 한기가 돌았다. 마리는 매일 죽음이 눈앞에 있는 듯한 고통을 일기처럼 써 내려갔다. "올해는 유난히 머릿속에서 날카로운 고통을 많이 느꼈다." 마리는 조카 앤에게 보낸 편지에 이렇게 적었다. "너무 고통스러워 일주일 내내 울었단다. 매 순간 죽어가는 것 같았어. 날씨는 추웠고 감옥은 사방이 물로 가득했지. 치료법은 찾을 수 없었지만 지금은 주님의 은혜로 나아졌단다."

그녀에게 앤과의 서신 교환은 감옥이라는 무정한 공간 속에서 펼쳐진 가장 달콤한 위안이었다. 마리는 앤을 딸처럼 사랑했고 수시로 편지를 써 신앙을 지켜 나가도록 격려했다. 앤의 어머니가 병으로 사망한 뒤, 두 사람의 서신은 더욱 자주 오갔다. 마리는 천과 실이 손에 들어오면 자신을 위한 옷은 미루고 앤을 위한 셔츠와 페티코트를 지었다. 그녀는 그렇게 사랑을 바느질했다.

마리와 앤 사이의 이런 내용의 편지들도 남아있다.

"시간이 길게 느껴진다. 사실 그렇구나. 우리의 육신은 본성적으로 참을성이 없기 때문에 불평한다. 그러나 사랑하는 소녀여, 우리의 악한 욕망을 죽이자. (골 3:5) 하늘을 빼앗는 침노자가 되자. (마 11:12) 하나님의 나라와 그의 의를 구하자. 그러면 이 모든 것이 우리에게 더하여 질 것이다. (마 6:33) 우리의 길을 버리고 가장 큰 진노 속에서도 자비를 펼치시는 주님께로 돌아가자. (합 3:2) 그는 황폐해진 시온을 불쌍히 여기시고 지상에서 유명했던 상태로 회복시키실 것이다. 시온의 평화를 위해 기도하자. 하나님께서 시온을 사랑하는 자들에게 번영을 약속하셨기 때문이다. (시 122:6)"

"아, 나의 사랑하는 작은 아이야. 자비의 아버지를 신뢰하고 우리 영혼에 있는 모든 힘으로 그분을 부르자. 그러면 그분께서 우리에게 연민을 베푸실 것이다. 우리는 평화와 고요한 평온의 날들을 즐길 것이다. 우리는 여전히 서로를 보고 껴안는 달콤한 만족감을 가질 것이다. 내가 나보다 더 소중히 여기고 사랑하는 아이를 보는 것은 내 욕망의 정점에 도달할 것이고 이 세상에서 내 행복은 완벽게 될 것이다."

"나의 부드러운 작은 아이야. 항상 현명하고 달콤한 삶을 살아라. 어떤 경우든 나는 항상 온전할 것이다. 신뢰와 인내심을 갖고 우리의 신성한 구세주를 믿으면 그는 결코 너를 버리지 않을 것이다."

마리는 또 아버지에게도 편지를 썼을 것이다. 그녀는 1743년, 오랜 수감 생활을 마치고 집으로 돌아온 아버지 에티엔의 석방 소식을 듣고 눈물을 흘렸을 것이다. 에티엔은 92세까지 살았다. 그리고 7년 후, 마리의 남편 마티유도 자유를 얻었다.

그러나 당국은 그에게 프랑스를 떠나야 한다고 명령했고 마리는 다시는 그를 만나지 못했다. 그러나 이러한 소식조차 콩스탕스 탑 안의 여성들에게는 희망이 되었다. 누군가가 자유를 얻었다는 사실, 그것이 바로 이 차가운 탑 속에 작은 빛처럼 스며들었기 때문이다.

석방을 위한 편지

1750년부터 마리는 여성들의 석방을 위해 많은 편지를 보냈다. 이후 폴 라보 목사, 그리고 여성들의 편지를 접한 정부 관리인 폴미 다르장송 후작이 탑을 방문했다. 후작은 에그모르트 지방을 지나던 중 수감자들을 만나 석방 가능성을 타진했다. 후작은 여성 수감자들의 측은한 처지를 보고 깊이 감동해 각자에게 돈을 전달한 뒤 자신을 위해 기도해 달라고 부탁했다. 두 어린 소녀는 후작의 발 앞에 엎드려 울면서 어머니를 풀어 달라고 간청했다. 그 모습에 후작은 눈물을 참지 못했다. 그는 그들의 부탁을 기억하겠다고 약속했다. 그러나 후작의 이 같은 선의에도 정부 당국은 반응하지 않았다. 하지만 시대의 조류는 점차 변하고 있었다. 특정 종교를 금지하는 것은 잘못된 것이라는 생각이 점차 확산됐다. 영향력 있는 사람들은 이 점을 증명하기 위해 책을 쓰기도 했다.

당시는 계몽주의가 휩쓸던 때였다. 몽테스키외와 라 보엘, 볼테르와 장 자크 루소, 콩도르세, 디드로 등은 관용의 사상을 펼치며 종교적 광신주의에 반감을 표했다. 볼테르는 영국에 머무는 동안 서사시 '라 앙리아드'(1728)를 출간했다. 이 시는 로마 가톨릭 교회와 개신교간 종교 전쟁의 일화와 앙리 4세의 즉위를 노래한 시다. 광신의 무서움을 고발하고 프랑스 정치체제를 비판했다.

1789년 프랑스혁명의 사상적 토대를 제공한 볼테르는 평생 종교적 광신주의에 맞서 투쟁했다. 그는 관용 정신이 없이는 인류의 발전이나 문명의 진보는 없다고 주장했다. 이 때문에 다양한 장르를 넘나드는 그의 저서에는 지배 권력이었던 로마 가톨릭교회에 대한 비판이 꾸준히 등장했다.

프랑스대혁명

자유의 빛

긴 어둠의 시간 끝에서 마침내 희망의 불빛이 콩스탕스 탑 안으로 스며들기 시작했다. 바깥세상에서 불어온 석방의 소문은 수감된 여성들의 귓가를 스치며 조용히 퍼져 나갔다. 그들 사이에 오랫동안 꺼져가던 희망의 불씨가 다시금 타올랐다. 폴 라보 목사가 일부 관리들과 은밀히 접촉하며 프랑스 개신교인들의 고통과 현실을 설득력 있게 설명한 것도 이 변화의 흐름을 가속시켰다.

마리는 자유의 소망을 품고 라보 목사에게 간절한 편지를 띄웠다.

"존경하는 목사님, 저희는 다시 목사님께 의지합니다. 목사님의 목회적 친절에 기대어 이곳에서 퍼지고 있는 병의 감염을 막기 위한 치료법을 간청 드립니다… 신성하고 자비하신 주님의 이름으로 저희를 이 무서운 무덤에서 구출해 주시기를 간절히 기도합니다. 할 수 있는 모든 수단과 방법을 다해 도와주십시오.

목사님과 가족 위에 주님의 축복이 함께하길 기도합니다. 하나님의 놀라운 평화의 사역이 이뤄지고 교회의 화평이 회복

되며 저 또한 세상에서 가장 달콤한 위안을 누릴 수 있게 되기를 소망합니다. 모든 사랑하는 이들에게 존경의 인사를 전합니다. 이 편지는 태우셔도 됩니다. 저희, 특히 병든 이들을 위해 기도해 주십시오. 거의 모든 이들의 건강이 크게 손상되어 있습니다."

그녀의 절박한 호소는 결코 헛되지 않았다. 1755년 가을, 무거운 쇠사슬의 묶임이 서서히 풀리기 시작했다. 한 명, 그리고 또 한 명씩 석방되었다. 그리고 마침내 감옥의 문이 완전히 열리기 시작했다. 폴 라보 목사는 기쁨 가득 찬 마음으로 기록했다.

"우리 포로들의 사슬이 풀리기 시작했습니다. 저는 점차적으로 여러분 모두가 풀려나게 되리라고 믿습니다."

그 말은 곧바로 탑에 갇힌 여성들에게 전해졌다. 마리는 앤과의 편지에서 자유의 희망을 나누었다.

"사랑하는 천사여, 슬퍼하지 마라. 우리는 본래 참을성이 부족하고 육신은 여전히 불평을 토하니 말이다. 사랑하는 딸아, 우리의 사악한 욕망을 죽이자. 언젠가 우리는 다시 만나 서로를 안고 그토록 그리던 달콤한 기쁨을 누릴 수 있을 것이다."

기다림 속에서 마리는 한 가지 계획을 실천하려 했다. 오랜 세월 떨어져 지냈던 조카 앤과의 만남이었다. 마리는 앤의 방문을 현실로 만들기 위해 동분서주했다. 비용을 모으고 경로를 계산하며 조심스럽게 실행 가능한 방법들을 모색했다. 앤과의 만남이라는 희망은 그녀의 지친 일상에 새로운 생기를 불어넣었다.

그리고 마침내 1759년, 오랜 기다림 끝에 앤은 프랑스로 돌아왔다. 그녀는 에그모르트에 한 달간 머물며 사랑하는 이모에게 여러 차례 찾아갈 수 있었다. 마리에게 그 시간은 오랜 감옥 생활 중 가장 빛나고 복된 나날이었다. 어둠 속에서 만난 따뜻한 햇살이었으며 수십 년간의 침묵을 깨고 다시 피어난 사랑의 증표였다.

마침내 얻은 자유

시간은 느리게, 그러나 꾸준히 흘렀다. 세상은 변해가고 있었고 프랑스 당국도 서서히 종교에 대해 관대한 태도를 보이기 시작했다. 1760년경, 대부분의 박해는 멈추었다. 그러나 여전히 사람들은 갤리선에서 노역을 하거나 콩스탕스 탑에서 고통 받는 개신교인들의 존재조차 모른 채 살아가고 있었다.

마리는 잊힌 이들의 목소리가 되었다. 그녀는 계속해서 영향력 있는 사람들에게 편지를 썼고 폴 라보 목사에게는 왕에게 직접 청원해 달라고 촉구했다. 그녀는 왕실의 고위 여성들에게도 편지를 보내 간청했다.

"우리는 어둠에 둘러싸여 있습니다. 연기가 우리를 질식시킵니다. 이것은 공포 중의 공포입니다. '일찍 만난 지옥'이라 불러야 할지도 모르겠습니다. 하지만 우리는 이곳에서 인내합니다. '카이사르에게 속한 것은 카이사르에게, 하나님께 속한 것은 하나님께 바치라'는 주 예수님의 신성한 말씀을 따르기 위함입니다."

그녀의 편지에도 불구하고 실상은 오랫동안 상황이 달라지지 않았다. 여기저기서 해방의 소식이 들려왔지만 탑 안은 여전히 고요했고 감옥의 문은 열리지 않았다. 엇갈리는 희망과 실망이 수감자들의 마음을 짓눌렀다. 실망은 곧 건강에까지 영향을 미쳤다. 몇몇은 병에 시달리며 절망에 가까운 나날을 견뎌야 했다.

그러던 어느 날, 기적처럼 기회가 찾아왔다. 에그모르트 지역에서 거의 20년간 복무한 군사령관 보보 공작이 콩스탕스 탑의 존재를 알게 된 것이다. 1766년, 그는 즉시 상관인 루이 펠리포 드 생플로랑 장관에게 청원을 했다. 그러나 장관은 개신교에 가장 적대적인 인물이었다. 그는 한 가지 조건을 내걸었다. "가장 나이 많은 두 여성이 회개하면 전부를 석방해도 좋다." 그러나 보보 공작의 생각은 달랐다. 그는 직접 콩스탕스 탑을 방문하여 여성들을 만났고 그 자리에서 깊은 감명을 받았다. 장관의 조건과는 상관없이 그는 즉시 두 명의 노파를 석방했다. 그리고 남아 있는 수감자들까지도 해방시킬 것을 정부에 계속 촉구했다.

마리는 그가 작성한 첫 번째 석방자 명단에 올라 있었다. 그리고 마침내 1768년 4월 14일, 그녀는 자유의 공기를 다시 마실 수 있었다. 그 순간, 38년의 긴 감금의 시간이 마침표를 찍었다. 그녀는 친구 마리 베이 구테트와 함께 탑을 떠났다. 그들은 늙고 지쳐 있었지만 여전히 신앙과 희망으로 빛났다. 당시 마리는 57세였고 친구는 그보다 나이가 많았다.

그해 말, 탑에는 다섯 명의 여성만이 남아 있었다. 이 마저도 보보 공작은 자신의 권한으로 모두 석방시켰다. 마지막 여성이 탑을 떠난 그날, 그는 이렇게 선언했다.

영원히 기억될 이름, 마리 뒤랑

"이 목적(개신교인 여성들의 수감)을 위해 다시는 이 탑의 문이 열리지 않기를 바랍니다."

이 사실을 알게 된 장관은 분노에 휩싸였다. 그는 공작을 불복종 혐의로 법정에 세우라고 명령했고 심지어 석방된 여성들을 다시 체포하라고 했다. 그러나 보보 공작은 흔들리지 않았다.

"장관께서 우리를 해임할 수는 있어도 우리가 양심과 명예에 따라 행동하는 것을 막을 순 없습니다."

그의 말은 인간의 양심이 체제의 명령보다 더 강하다는 것을 증명하는 울림이었다.

마리는 그보다 몇 해 전, 어머니와 함께 감옥을 찾았던 여섯 살 소년에게도 깊은 인상을 남긴 바 있다. 세월이 흘러 영향력 있는 정치가가 된 그 소년은 마리 뒤랑을 이렇게 기억했다.

"나는 그곳에서 38년을 버틴 한 여성을 보았습니다. 그녀는 깊은 신앙의 소유자였으며 이성과 빛이 넘치는 사람이었습니다. 탑 안에는 그녀보다 나이가 많은 여성들도 많았지만 그녀는 모든 이들의 존경을 받았습니다."

그녀는 단순한 수감자가 아니었다. 그녀는 저항의 상징이었고 믿음의 등불이었다. 무엇보다 어떤 갇힘도 초월하는 진정한 자유의 얼굴이었다.

집으로 돌아가다

1768년 4월 14일, 마리는 마침내 자유를 되찾고 고향 부셰 드 프랑레에 있는 자신의 집으로 돌아왔다. 함께 탑을 나온 친구 마리 베이 구테트와 한 지붕 아래 다시 삶을 시작했다. 두 여성은 오랜 감금의 세월을 뒤로한 채, 어린 시절의 기억 속 일상으로 돌아갔다. 정원을 가꾸고 야채를 심었고 따뜻한 수프를 끓이고 밤을 구워 먹었으며 장작불 앞에 나란히 앉아 물을 데우고 길어 올렸다. 그들은 성경을 펼치고 시편을 노래하며 매일같이 기도했다. 몸은 늙고 마음엔 깊은 상처가 남았지만 믿음은 더욱 단단해져 있었다.

그러나 마리의 고난이 완전히 끝난 것은 아니었다. 아버지 에티엔이 세상을 떠난 뒤, 사촌들이 몰래 그녀의 농장을 차지하고 밭을 일구며 마루판과 집안의 물건들까지 훔쳐갔다. 수감 중이던 마리는 법적으로 상속권을 행사할 수 없었기에 자유의 몸이 되어 돌아온 뒤에 재산을 되찾기 위해 많은 수고와 비용을 들여야 했다. 다행히 그녀는 1762년, 석방되기 6년 전 부모의 재산 일부를 회복할 수 있었다. 그리고 1763년, 사랑하는 조카 앤이 이모와 함께 살기 위해 집으로 이사 왔다. 마리는 탑에서 나온 후에도 무너진 집을 수리하고 땅을 돌보는 데 힘을 쏟았다. 그녀에겐 여전히 가정을 위한 책임감과 사랑이 빛났다.

하지만 또 하나의 슬픔이 그녀를 기다리고 있었다. 조카 앤이 한 부유한 로마 가톨릭 신자와 결혼한 것이었다. 앤은 점차 이모와의 서신을 끊었고 한때 자신을 돌봐주었던 마리를 이제는 경제적 짐처럼 여겼다. 남편 몰래 농장의 일부를 임대해 수리비는 마리에게 청구했다. 마리는 그럼에도 조용히 참았다. 앤이 자기 곁을 떠났어도 그녀의 사랑은 여전했다.

콩스탕스 탑에서 보낸 세월은 마리의 몸을 깊이 쇠약하게 했다. 그녀는 너무 힘들어 소일거리조차 하기 힘든 날들이 많아졌다. 가진 것도 없고 일할 수도 없었기에, 결국 다시 한 번 폴 라보 목사에게 편지를 보냈다. 라보는 그녀의 사정을 듣고 암스테르담의 왈룬 교회를 설득해 매년 연금을 보내주도록 했다. 교회는 매년 200리브르를 보냈고 그 덕분에 마리는 최소한의 생계를 유지할 수 있었다.

하지만 그녀는 그 돈을 혼자 쓰지 않았다. 한때 갤리선 노예로 끌려갔다가 노년에 돌아온 이웃 알렉상드르와 그 연금을 기꺼이 나누었다. 그녀는 나눌 때마다 이렇게 말했다.

"여러분, 제가 무엇을 빚졌습니까? 저는 제 목숨을 빚졌습니다!"

1774년, 마리는 조카 앤에게로의 상속권을 취소하고 평생을 함께한 친구 마리 베이 구테트를 유일한 상속인으로 지정했다. 이듬해에는 프리바스 지역의 한 상인에게 재산을 맡기고 자신과 친구가 집의 일부를 사용하며 약간의 수입을 얻을 수 있도록 계약을 체결했다. 마리는 단 한 번도 하나님을 원망하지 않았다. 인생의 마지막까지 그녀는 하나님의 섭리에 자신을 맡기며 살았다.

그리고 65세가 된 마리는 평온한 어느 날, 조용히 생의 마지막 숨을 내쉬었다. 그녀가 그렇게 오래도록 꿈꾸었던 '자유로운 집'에서 생의 마지막을 보냈다. 찬란한 승리의 개선가도, 떠들썩한 환영식도 없었지만 그녀는 진정한 승리자로 파란만

장한 인생길을 마무리했다. 인생의 절반이 넘는 38년을 콩스탕스 탑에 감금된 채 지냈지만 마리 뒤랑은 그곳에서 예배하며 오직 하나님만 바라는 삶을 살았다. 당시 위그노들을 핍박하고 감금하며 심지여 죽였던 수많은 세속과 종교 권력자들은 이름도 없이 사라졌지만 끝까지 믿음을 지킨 마리 뒤랑과 위그노들은 지금도 살아서 우리에게 참된 믿음의 삶을 사는 것이야말로 유한한 인생에서 가장 소중한 일임을 알려주고 있다.

마리 뒤랑, 그녀는 광야를 지나 약속의 땅에 도달한 믿음의 사람이었다.

에필로그

마침내 기억된 이름, 마리 뒤랑

마리 뒤랑이 세상을 떠났을 때, 그녀의 이름은 감옥 동료들과 몇몇 친척들, 서신을 주고받던 사람들 사이에서만 겨우 기억되고 있었다. 그녀의 삶과 고난, 인내와 신앙은 좁은 울타리를 벗어나지 못한 채 조용히 묻혀갔다. 에그모르트에서도 그녀에 대한 기억은 점점 희미해졌고 그녀의 이름은 불행과 고요 속에서 잊혔다.

그러나 세월이 흘러 19세기 중반, 개신교 학자들이 그녀가 남긴 편지들을 발굴하면서 마리의 이름은 다시 조명을 받기 시작했다. 처음에는 단지 모범적인 그리스도인으로, 혹은 한 시대의 성녀로 기억되었다. 1880년대 초, 다니엘 브노아 목사가 마리의 고향 부세 드 프랑레를 방문했지만 그곳에는 그녀와 오빠 삐에르를 기억하는 이가 단 한 사람도 남아 있지 않았다.

그러나 1884년, 브노아 목사는 수감자 마리와 그녀의 가족, 동료 수감자들의 이야기를 담은 책을 펴냈고 이 책은 프랑스와 유럽 개신교 공동체에 큰 반향을 일으켰다. 그로 인해 마리 뒤랑의 이름은 점점 널리 알려지게 되었고 마침내 1920년대에 이르러 그녀는 불복종과 양심의 자유를 상징하는 인물로 자리 잡게 되었다. 그녀는 프랑스 개신교인의 신앙적 저항의 화신, 영혼의 자유를 지키기 위한 고요한 투사로 기억되었다.

마리의 집은 박물관이 되었고 그녀가 갇혀 있던 콩스탕스 탑은 마침내 1968년, 수감자들이 모두 풀려난 지 200년이 되는 해에 개신교 박물관으로 문을 열었다. 그 탑은 한때 눈물과 기도, 절망이 쌓였던 장소였지만 이제는 자유와 믿음의 유산을 증언하는 성지로 탈바꿈하였다.

1930년대 이후, 이 탑은 비폭력 저항의 상징이 되었고 제2차 세계대전 이후로는 더 넓은 대중에게 알려졌다. 마리 뒤랑은 프랑스를 넘어 유럽 전역에서 하나의 이름, 하나의 상징이 되었다. 그녀의 이름을 딴 거리와 학교, 주택 단지, 교회 본당, 양로원이 생겼고 그녀의 흔적은 독일과 프랑스를 넘어 오늘날까지 이어졌다.

지금도 마리의 삶을 기리는 장소는 세 곳에 남아 있다. 에그 모르트의 콩스탕스 탑, 가르드 지방 미알레의 사막 박물관 죄수 방, 그리고 그녀의 고향 부셰 드 프랑레에 위치한 비바레 개신교 박물관이다. 1931년, 뒤늦게 그 땅에 뿌리를 내린 기억의 장소들이 오늘날까지 믿음의 발자취를 간직하고 있다.

위그노에게 진정한 자유가 허락된 것은 1787년 11월, 루이 16세가 베르사유에서 '관용 칙령'을 공표하면서부터이다. 이 칙령은 개신교인들에게 시민권을 부여하고 혼인 신고와 출생 신고의 법적 권리를 허락했지만 공적 예배는 여전히 금지되어 있었다. 진정한 평등은 1789년 프랑스 대혁명이 일어난 뒤, '인간과 시민의 권리 선언'을 통해 이루어졌다. 그 선언으로 위그노는 프랑스 땅에서 처음으로 진정한 동등한 시민으로 인정을 받았다.

그들은 오랜 광야를 지나 마침내 약속의 땅에 도달했다. 1685년 퐁텐블로 칙령으로 시작된 102년의 박해는 1789년 혁

명과 함께 끝이 났다. 돌아오지 못했던 수많은 디아스포라 위그노들도 다시 조국의 품으로 돌아왔고 억눌려 있던 신앙은 자유의 숨을 내쉬기 시작했다.

마리 뒤랑은 이 광야 시대를 온몸으로 살아낸 한 여인이었고 그 고통의 역사 속에서도 꺼지지 않는 희망의 등불이었다. 그녀의 이야기는 단지 과거가 아니다. 마리 뒤랑의 이야기는 오늘을 사는 우리에게 엄중하게 질문한다.

"너는 불의와 비진리에 저항하고 있는가?"

프랑스 콜마르를 배경으로 서 있는 '위그노 전문가' 성원용 목사

(부록)

마리 뒤랑의 생애(1711~1776) 연대기

1711년 - 남 프랑스 비바레 지방의 부셰-드-프랑레(Bouchet-de-Pranles) 마을에서 에티엔 뒤랑과 클로딘 가모네 사이에서 7월 15일 태어났다.

1719년 - 뒤랑 가정에서 비밀로 열린 위그노 예배 중에 왕실 병사들이 들이닥쳤다. 이 급습으로 아버지 에티엔 뒤랑이 체포되었고 어머니 클로딘은 몽펠리에의 성채 감옥에 투옥되었다. 오빠 삐에르 뒤랑은 체포를 피해 스위스로 도피했다

1729년 - 당국이 에티엔 뒤랑을 다시 체포하여 14년 동안 감옥에 가두었다

1730년 - 4월에 마리 뒤랑은 마티유 세르(Mathieu Serre)와

비밀리에 결혼했다. 세르는 마리보다 약 25세 연상인 개신교 신자로, 이 결혼은 오빠 삐에르의 반대에도 이루어졌다. 같은 해 몇 달 뒤(8월), 마리와 남편 마티유는 신앙을 이유로 모두 체포되었다. 마리는 에그모르트(Aigues-Mortes)의 콩스탕스 탑 감옥(Tour de Constance)에 수감되었고 남편은 브레스코 요새(Fort Brescou)로 이송되었다

1732년 - 오빠 삐에르 뒤랑(Pierre Durand)이 위그노 교회 목사로 활동하다가 체포되어 4월 22일 몽펠리에 광장에서 교수형을 당했다.

1750년 - 남편 마티유 세르가 브레스코 요새에서 20년 만에 석방되었다. 한편 마리 뒤랑은 콩스탕스 탑에 갇힌 채 동료 여성 수감자들을 이끌며 지냈고 외부에 도움을 청하거나 가족과 소식을 주고받기 위해 약 50통의 편지를 써 보냈다

1762년 - 새로 부임한 군 지휘관의 관용 정책으로 콩스탕스 탑에 수감되어 있던 일부 위그노 여성들이 1762년부터 석방되기 시작했다. 그러나 마리 뒤랑은 끝까지 신앙을 버리기를 거부했기에 여전히 감옥에 남았다.

1768년 - 프랑스 고위관리였던 보보 공(Prince de Beauvau) 샤를의 탄원으로 마리 뒤랑이 4월 14일 석방되면서 38년에 걸

친 수감 생활이 종료되었다. 석방된 그녀는 고향 부셰-드-프랑레로 돌아가 이전에 함께 옥살이를 했던 마리 베-구테트(Marie Vey-Goutète)와 거처를 같이하며 여생을 보냈다.

1769년 - 1월에 수자느 부지그, 수자느 파주, 마리 후에 등 마지막 남은 세 여성 수감자마저 풀려나면서 콩스탕스 탑 감옥의 위그노 수감 시대가 끝이 났다.

1776년 - 7월경에 마리 뒤랑은 고향에서 노쇠하고 병약한 상태로 생을 마감하였다.